前厅服务与管理

主　编　刘　莉

副主编　刘新艺　张　琳

参　编　崔　琰　李欣欣　孙嘉琳

　　　　于红梅

北京理工大学出版社

BEIJING INSTITUTE OF TECHNOLOGY PRESS

内 容 简 介

"前厅服务与管理"为中高职酒店服务、旅游服务专业核心课程，本教材立足于中职学生的现状和市场的实际需求，根据"实际、实用、实践"的原则，将理论知识与实践能力的培养有机结合，产教融合，校企共同开发教材内容，以酒店前厅对客服务的工作过程为依据，从认识前厅开始，客人通过预订接触饭店前厅的第一个部门，抵达饭店有礼宾部的迎接，到前台办理入住登记手续，入住期间有前台、总机等部门提供服务，之后结账离店，前厅为客人整理客史资料等一系列完整的对客服务过程作为主线来整合、序化教学内容，既遵循学生职业能力培养的基本规律，又符合企业的岗位要求。本书适合作为中高职院校旅游、高星级饭店运营与管理等专业学生的教材使用，也可作为饭店从业人员、饭店管理者培训用书，还可作为各类成人教育相关专业的教学用书。

图书在版编目（ＣＩＰ）数据

前厅服务与管理 / 刘莉主编. -- 北京： 北京理工大学出版社, 2023.9

ISBN 978-7-5763-2898-1

Ⅰ. ①前… Ⅱ. ①刘… Ⅲ. ①饭店—商业服务②饭店—商业管理 Ⅳ. ①F719.2

中国国家版本馆CIP数据核字(2023)第180142号

责任编辑: 王晓莉		**文案编辑**: 杜　枝	
责任校对: 刘亚男		**责任印制**: 边心超	

出版发行 / 北京理工大学出版社有限责任公司

社　　址 / 北京市丰台区四合庄路 6 号

邮　　编 / 100070

电　　话 / （010）68914026（教材售后服务热线）
　　　　　　 （010）68944437（课件资源服务热线）

网　　址 / http://www.bitpress.com.cn

版 印 次 / 2023 年 9 月第 1 版第 1 次印刷

印　　刷 / 定州市新华印刷有限公司

开　　本 / 889 mm × 1194 mm　1/16

印　　张 / 13

字　　数 / 258 千字

定　　价 / 49.00 元

前　言

党的二十大报告指出，"高质量发展是全面建设社会主义现代化国家的首要任务。要坚持以推动高质量发展为主题"，对于酒店行业来说，质的提升和量的增长共同组成了未来的主流发展方向。这就要求酒店在日常的管理过程中，要迎合市场的需要，全面提升酒店的服务质量。如何提升酒店的服务质量，这一关键性的问题对于酒店管理者来说是非常值得思考的。鉴于此，本书编者认为实施"以人为本"管理，引进优秀的酒店服务与管理人才，留住人才，才是提升酒店服务质量、赢得客户认可的关键所在。本书旨在让广大中等职业学校的学生能够深入学习酒店服务与管理的技能精髓，为企业培养和输送专业化的酒店管理人才，促进酒店业的全面健康发展。

酒店前厅服务部是现代酒店管理中的重要部门，是顾客与酒店直接接触的第一场所，顾客对酒店的第一印象和最终印象都是在前厅形成，酒店的整体服务质量、服务水平都在前厅得到集中体现。酒店前厅管理具有全面性、综合性和协调性，涉及酒店提供对客服务的各项内容，是酒店对客服务开始和最终完成的场所，是酒店的神经中枢，也是顾客与酒店联系的纽带。从顾客抵达酒店到最终离开，其所享受到的服务都与前厅服务部的工作密切相关，所以说前厅服务部是整个酒店服务工作的核心部门，其服务质量以及管理决策水平对酒店的市场形象、行业竞争力和经济效益都有重要的影响。

党的二十大报告提出，统筹职业教育、高等教育、继续教育协同创新，推进职普融通、产教融合、科教融汇，优化职业教育类型定位。本书立足于中职学生的现状和市场的实际需求，根据"实际、实用、实践"的原则，将理论知识与实践能力的培养有机结合，产教融合，校企共同开发教材内容，以酒店前厅对客服务的工作过程为依据，从认识前厅开始，客人通过预订接触饭店前厅的第一个部门，抵达饭店有礼宾部的迎接，到前台办理入住登记手续，入住期间有前台、总机等部门提供服务，之后结账离店，前厅为客人整理客史资料等一系列完整的对客服务过程作为主线来整合、序化教学内容，既遵循学生职业能力培养的基本规律，又符合企业的岗位要求。本书适合作为中职院校旅游、高星级饭店运营与管理等专业学生的教材使用，也可作为饭店从业人员、饭店管理者培训用书，还可作为各类成人教育相关专业的教学用书。

教材编写特点

（一）以职业能力为核心，教学内容职业化

1. 由专业教师与酒店专家一起对前厅服务与管理所对应的总台服务与管理、礼宾服务与管理等职业岗位（群）进行分析，以相应的岗位或岗位群设定培养目标，以岗位或岗位群必须达到的职业能力作为培养的基本要求。

2. 教学内容与国际酒店职业要求相结合，将前厅服务与管理的国际职业标准中要求较高的酒店管理软件的应用及前厅服务与管理服务英语两大专业技能贯穿于教学内容之中，使学生在学校课堂上所学到的知识与技能真正能与今后所从事的职业岗位要求接轨。

（二）以工作内容为导向，教学内容务实化

以前厅服务与管理的工作过程为导向，以能力训练为主，教学过程同前厅服务与管理的工作过程一致。按照前厅服务与管理的职业岗位工作过程对课程内容进行安排及整合，针对酒店前厅服务与管理的每一个过程或环节来传授相关的教学内容。坚持课程内容与工作内容相结合、教学过程与工作过程相结合、教学环境与工作环境相结合的思想，让理实一体的教学理念渗透到课程教学的各个方面。

（三）以岗位分析为依据，教学内容模块化

按照酒店行业对岗位的具体要求设计人才能力培养层次，依据前厅服务与管理的工作流程、工作任务、岗位职责与要求设置课程教学模块，根据前厅服务与管理的流程来构建教学体系，实现育人与用人的对接。

建议学时安排

学习情境	学习项目		学时数
情境1　前厅基础知识	项目1	认识前厅部	
	项目2	熟悉前厅工作环境	2
	项目3	通晓员工素质	
情境2　预订服务	项目1	认知预订服务	2
	项目2	散客预订服务	2
	项目3	团队预订服务	2
	项目4	特殊情况处理	2
情境3　礼宾服务	项目1	迎送服务	2
	项目2	行李服务	2
	项目3	委托代办服务	2
	项目4	金钥匙服务	2

续表

学习情境	学习项目	学时数
情境4　总台接待服务	项目1　办理入住登记手续	2
	项目2　问讯服务	2
	项目3　结账收银服务	2
	项目4　其他服务	2
情境5　总机与商务中心服务	项目1　总机服务	2
	项目2　商务中心	
情境6　客房销售服务	项目1　明晰房态房价	2
	项目2　客房销售程序与技巧	2
情境7　前厅部管理	项目1　认知前厅部人力资源管理	2
	项目2　建立客史档案	
	项目3　处理客人投诉	2

　　根据"十四五"职业教育规划教材大纲及"前厅服务与管理"课程标准，本书的内容经编者精心编排，按照"岗课赛证"融合的培养模式，更好地服务于酒店管理专业的教学需求，具有如下特点：每个学习情境分为若干个项目，每个项目设置了"问题导学""活学活用"等环节。部分项目最后还设置了"知识加油站"拓展学生的知识面。每个学习情境之后，还设置了填空、判断、简答、案例分析四种类型的思考题，以检验学生对所学知识的掌握情况。

　　本书按照理论实践一体化的教学模式，以现场工作任务的实施方法、内容和过程为主线，将理论知识与实践能力的培养有机结合，既遵循学生职业能力培养的基本规律，又符合企业的岗位要求。通过本课程的学习，能够使学生掌握酒店前厅的基本知识，具备酒店前厅的工作能力，养成沟通协作、真诚待客的服务品质，为学生的职业发展打下良好的基础。感谢济南香格里拉大酒店、济南华禾普蕾司顿酒店等单位对本书编写工作给予大力支持与帮助。

　　由于编者水平有限，书中难免有不足之处，期望广大读者和学校的师生对本书提出建设性的意见和建议，使本书再次修订时，能够在内容和体系上更加完善，以便更好地满足各大职业院校的教学需求。

目　录

学习情境 1　前厅基础知识

📚 情境描述

小王是一名酒店管理专业的中职学生，升入高三后进入某五星级酒店实习，入职培训期间人力资源部经理带领新进实习员工参观酒店，首先参观的是酒店大堂。小王看到大堂装饰豪华，服务人员热情有礼，工作状态紧张有序，因此留下了深刻的印象，而且他对此感到非常好奇。为了让小王适应前厅部更多的岗位，酒店决定让他轮岗实习。面对陌生的工作环境，小王有些茫然，尽快熟悉工作环境便成了他需要面对的第一个难题。随着实习的深入，小王发现某次在接待过程中不能很好地为客人答疑解惑，于是很懊恼，深刻认识到自己不管在心态上还是能力上都与正式员工存在一定的差距，这更加深了他入职后认真学习的想法。

📚 学习目标

（1）熟悉前厅部的概念。
（2）掌握前厅部的功能和组织机构。
（3）熟悉大堂的布局和环境。
（4）掌握前厅部员工的素质要求。

项目 1 　认识前厅部

任务 1 　全面了解前厅部

了解前厅部

问题导学

每当我们走进一家酒店，看到宽敞明亮、装饰豪华的大堂，体验到热情优质、细心周到的服务，就能判断出酒店的档次和服务水准。有人把前厅部比喻为酒店的"窗口"和"名片"，这究竟是为什么呢？

前厅部的作用

前厅（图 1-1）是指进入酒店大门后到酒店客房、餐厅之间的公共区域。前厅部（Front Office）也称前台部，负责招徕并接待宾客，销售酒店客房及餐饮娱乐等服务产品，沟通协调酒店各部门，为客人提供各种综合服务。其运转的好坏直接影响酒店的服务质量、经济效益，以及酒店的管理水平和市场形象。

图 1-1　前厅

前厅部工作的重要性与其职能息息相关，作用主要体现在以下六个方面。

1. 前厅部是酒店的门面担当，反映酒店的整体服务质量

前厅部的服务与管理直接体现出酒店服务质量和档次的高低。酒店能否留住客人，首先取决于前厅大堂设计水准的高低，如装饰、布置、灯光等；其次取决于前厅部员工的精

神面貌（图 1-2）、服务态度、工作效率和职业状态。因此，前厅被比喻为酒店的"窗口"和"名片"。

图 1-2　前厅部员工的精神风貌

2. 前厅部是留给客人第一印象和最后印象的所在地

前厅部是客人入住酒店首先接触的部门，给客人留下的第一印象往往会影响他们对酒店服务质量的评价。另外，客人入住期满离店时，也要经由大堂，前厅服务人员为客人办理结账手续、送别客人时的工作表现会给客人留下"最后印象"，优质的服务将使客人对酒店产生依恋之情，为他们的下次光临奠定基础。

3. 前厅部是酒店的中枢神经，负责联络和协调各部门对客服务

前厅部很大程度上控制和协调着整个酒店的经营活动，犹如酒店的"大脑"。前厅部向各部门统一发出指令、信息，直接影响酒店其他部门的服务质量。

4. 前厅部担负推销客房及其他产品和服务的职责

前厅部需要推销客房，提供邮政、票务、出租车服务等并借此获取良好的经济效益，还要协助酒店营销部，提高酒店客房的出租率、平均房价和 RevPAR（Revenue Per Available Room 的缩写，指每间可供出租客房产生的平均实际营业收入），其销售工作的好坏直接影响酒店接待客人数量的多少。

5. 前厅部是酒店的信息中心

前厅部为客人提供各种服务信息，为酒店其他部门提供客情，也为酒店管理机构提供反映经济情况和服务质量状况的数据和信息，有助于管理者科学地进行酒店经营管理决策。

6. 前厅部是酒店建立良好客人关系的部门

酒店服务质量高低的评价标准是客人的满意度。良好的宾客关系对于提高客人的满意度，赢得更多的回头客，提高酒店的经济效益都有促进作用。而前厅部是服务人员与客人接

触最频繁的地方，最易获知客人的需求，应尽自己最大努力提高客人对酒店的满意度，为建立良好的宾客关系奠定基础。

随着酒店从卖方市场到买方市场的逐渐转变，客人的需求和酒店与客人之间的关系成为酒店业务发展的关键所在。在这种情况下，前厅部的工作显得格外重要。

互动探究

培训结束后，小王如愿进入前厅部实习。接下来，他将要面临哪些工作呢？前厅部有哪些功能呢？

前厅部的功能

1. 客房销售

客房销售是前厅部的首要功能。客房是酒店销售的主要产品，其营业收入占酒店全部收入的 40% ～ 60%。前厅部销售工作完成度的高低在很大程度上决定了酒店每日客房销售率的高低。因此，前厅部全体员工应按照酒店已定的客房价格，尽最大努力销售出更高档次和更多数量的客房。

2. 提供信息

前厅部是酒店经营活动的主要信息源，其主要分为酒店经营的外部市场信息和内部管理信息。

外部市场信息包括旅游业发展状况、客人的消费需求和心理、人均消费水平、国内外最新经济信息、年龄结构等。内部管理信息包括营业收入、出租率、客人投诉、客情投诉、客人住店/离店，以及在各营业点的消费情况等。前厅部在收集这类信息的基础上，对其进行加工处理，传送到酒店经营部门和管理机构，如客房部、餐饮部等，完善对客服务政策。

同时，前厅部还为客人提供酒店内外有关活动的信息（如相关日程安排、服务项目、服务地点、服务价格、服务时间等）和酒店所在地、所在国的信息和指南等。

3. 及时准确显示客房状态

为了使酒店最大限度地利用客房获得更高的经济效益，前厅部应及时、准确地显示客房状态（简称房态，图1-3），一般分为长期和短期两类。长期房态（即客户预订情况）通常用客房预订汇总表或计算机来显示（图1-4）；短期房态则通过计算机系统显示。

图1-3　客房状态

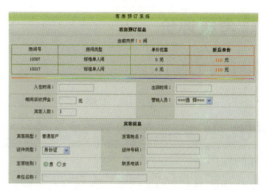

图1-4　客房预订情况

4. 协调对客服务

前厅部作为酒店业务活动的中心，是客人与酒店其他部门之间信息传达的桥梁，协调各部门之间的对客服务。为提升客人满意度，降低投诉率，前厅部应与其他部门随时沟通，及时对客人的不满采取措施，尽快解决问题，给客人舒适的住店体验。

5. 建立客人档案

客人档案是以客人姓名字母顺序排列的有关宾客爱好、习惯、消费偏好、住店期间的特殊需求、投诉情况等的资料。酒店依据客人档案向客人提供周到、有针对性、个性化的服务，有利于加强对客源的了解，提高客房销售能力，增加市场渗透力。

6. 提供各类前厅服务

前厅部除协调对客服务外，还提供在酒店（车站或机场）迎送客人的服务、分发/保管客用钥匙及处理投诉、贵重物品寄存等服务。

7. 建立、控制客账

为确保客账账目准确无误，保证酒店良好的经济效益，前厅部应及时为客人制作账单，记录从各营业点转来的经客人签字的客账资料，累计并审核客人的各项款项。同时，还要为离店客人办理结账、收款或转账等服务事宜。

📚 活学活用

某年国庆节假期，邢先生夫妇带着两岁的儿子去苏州旅游，特意提前十天预订了酒店。客人到店后，酒店前台服务人员小李为邢先生一家办理了入住手续，还将酒店餐饮部的每日菜品告知了他们，而且在客人的要求下，为其预订了入住期间的早餐，又在客人离店时提供了送机服务。在邢先生一家住店的过程中，酒店的服务可谓尽善尽美，令人十分满意。

该案例体现了酒店前厅部的哪些功能？请简要分析。

📚 考核评价

考核评价见表1-1。

表1-1　全面了解前厅部的考核标准

考核项目	考核内容	评分标准	扣分
前厅部的作用		一项表述不准确扣5分，共30分	
前厅部的功能		一项表述不准确扣10分，共70分	
合计			
教师评语			

考核时间：10分钟，考核总分：100分

任务2　明晰前厅部的组织机构

📚 问题导学

了解前厅部的功能后，小王明确了前厅部的重要性，而如此重要的前厅部又有哪些机构呢？

前厅部的机构设置原则

在正规经营的酒店里，前厅员工的比例通常占酒店员工总数的25%以上，其中前台员工占10%左右。酒店对于这些员工的素质要求比其他部门员工的要求高。若要有效地组织这些员工完成前厅的业务运转，必须遵循以下原则。

1. 组织合理

前厅部应根据酒店的规模、性质、地理位置、经营特点与管理方式来确定机构设置、人员配备、职责划分，而非生搬硬套。规模较小或以内部接待为主的酒店可将前厅部归入房务部，不必独立设置。

2. 机构精简

前厅部的机构设置应避免"因人设事""因人设岗"，做到"因事设岗"，防止出现前厅部机构繁杂、事少人多、机构交叉运作的现象。但机构精简并不意味着机构过分简化，也不能出现职能空缺现象。

3. 分工明确

前厅部各机构和各岗位工作人员的职责和任务应明确，避免职务交叉，出现推诿和扯皮现象；指挥应高效、健全，信息传达的渠道应畅通。

4. 便于协作

前厅部机构设置要便于前厅部内部各岗位、各环节间与前厅部和其他部门之间的协调与合作。

前厅部的机构设置

酒店管理人员应根据酒店类型、规模、等级、劳动力成本、管理模式等因素，通盘考虑前厅部组织机构的设置形态。一般来说，酒店按照客房数量和接待规模可分为大型、中型、小型。

由于酒店规模不同，前厅部组织机构设置有很大区别（图 1-5 ～图 1-7），主要表现在以下三个方面：

（1）大型酒店前厅部管理层次多，小型酒店层次少。

（2）大型酒店前厅部组织机构多、范围广，小型酒店内容少、范围窄。

（3）大型酒店前厅部职能划分精细，由不同岗位的员工负责，小型酒店则可能将其合而为一。另外，一些小型酒店为减少管理费用，往往将前厅部与客房部有效协调起来。

目前，酒店管理的发展趋势是组织机构的扁平化，包括前厅部在内的酒店各部门都尽可能减少管理层次，在提高沟通和管理效率的同时，也可降低管理费用。

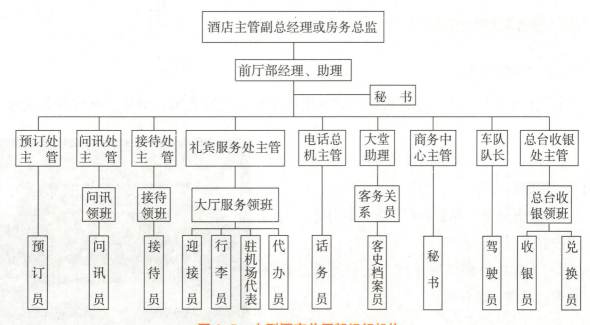

图 1-5 大型酒店前厅部组织机构

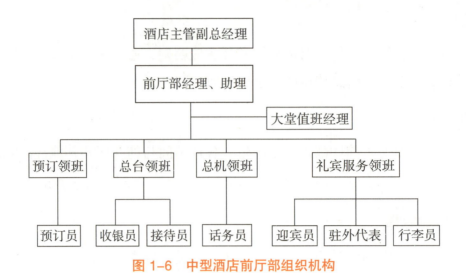

图 1-6 中型酒店前厅部组织机构

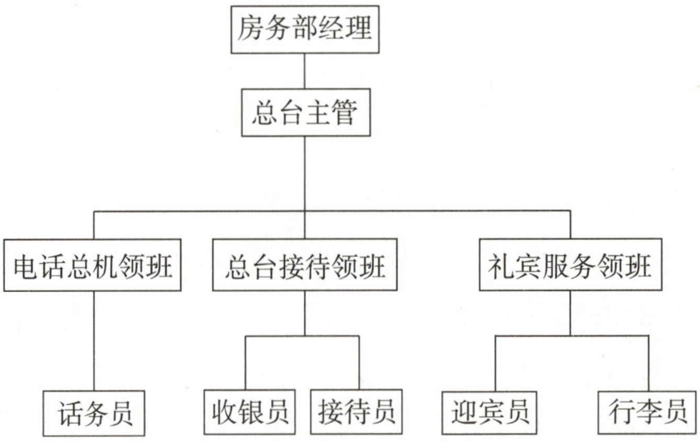

图 1-7 小型酒店前厅部组织机构

前厅部各岗位的主要工作

1. 总台（图1-8）

（1）接待客人入住，办理入住登记和离店手续；为客人提供分房、换房及其他日常服务。

（2）向各接待相关部门提供客人入住信息或下达指令，控制房态等。

（3）负责分发与控制客房钥匙，解答客人的问讯，接收客人留言。

（4）为客人办理结账手续，提供外币兑换服务、贵重物品寄存服务等。

图 1-8 总台

2. 预订部（图1-9）

预订部主要负责接收或婉拒各类客人的订房，并办妥相应手续；整理、记录订房资料并分类归档；统计、分析及预测各类订房数据，并及时给相关部门提供参考；妥善计划和控制超额订房单的比例。

图 1-9 预订部

3. 礼宾部（图1-10）

礼宾部负责迎送客人，接送和寄存团体、散客的行李；递送酒店表单及客人的留言和邮件；完成客人委托的其他事项等。

图 1-10 礼宾部

4. 总机（图1-11）

总机负责接转电话、为客人提供电话叫醒及电话留言服务。

图 1-11 总机

5. 商务中心（图1-12）

商务中心主要负责帮助客人收发传真、复印、打字、文件拷贝及文字修订，还提供特快邮政专递、订票、翻译、出租打印机及电脑，提供市话、IDD（International Direct Dial，国际直拨电话）及DDD（Domestic Direct Dial，国内长途电话），出租商务洽谈室和资料查询等各项服务。

图1-12　商务中心

活学活用

班级中以小组为单位，模拟大、中、小型酒店前厅部设置的岗位。

考核评价

考核评价见表1-2。

表1-2　明晰前厅部的组织机构的考核标准

考核项目	考核内容	评分标准	扣分
前厅部的机构设置原则		一项表述不准确扣10分，共40分	
前厅部的机构设置		表述不准确扣20分	
前厅部各岗位的主要工作		一项表述不准确扣10分，共40分	
合计			
教师评语			

考核时间：10分钟，考核总分：100分

项目 2　熟悉前厅工作环境

任务 1　熟悉前厅的布局与环境

熟悉前厅的布局与环境

问题导学

步入酒店大堂，首先吸引我们的是酒店前厅的设计与布局，让我们跟随小王，一起来了解一下吧。

前厅的布局

前厅是客人办理入住登记手续、会客、休息、退房结账的地方，通常由以下几个部分组成。

1. 酒店入口处（图 1-13）

酒店入口要有吸引力，有迎接客人的气氛。

图 1-13　酒店入口处

2. 酒店大门

酒店大门通常由正门和侧门构成。大门的外观应新颖、有特色，对客人有较强的吸引力。根据客流进出量、规格和服务水平来设置大门的规格、大小，可设置双重门，以保持大堂内室温相对稳定。若酒店的正门使用旋转门（图 1-14），其旋转性能应可靠，空间应宽敞，防止夹伤客人。为保证客人的安全，酒店可以关闭正门，只留边门（图1–15）。

图1–14　酒店旋转门　　　　　　　　　图1–15　酒店边门

　　酒店的大门前应有供客人上下车的空间和回车道、停车场。有些酒店为加深客人的美好印象，还在正门处精心设计了小花园和喷泉。有的酒店设有台阶，注意应在台阶旁设立专供残疾客人出入所用的坡道，方便进出。在酒店大门口还应铺设两块不同功能的地垫：靠近大门的主要用于去尘、吸水，靠近车道的主要用于刮沙，这样既能保证舒适性与防滑性能，又能维持前厅的整洁。边门旁应设置伞架（图1–16），供客人存放雨具。酒店大门外的空旷处通常应设置旗杆，一般不少于三根，分别用来挂店旗、国旗和下榻酒店的外国国家元首所在国家的国旗（图1–17）。

图1–16　边门旁的伞架　　　　　图1–17　酒店空旷处设置旗杆

3. 前厅公共活动区域

　　前厅公共活动区域（图1–18）应宽敞舒适，其风格、面积必须与酒店的规模和星级相适应，面积应与酒店的客房间数成一定比例，不包括任何营业区域的面积，如总台、商务中心、大堂酒吧、咖啡厅、商场等。

图 1-18　前厅公共活动区域

4. 总台和服务柜台（图 1-19）

总台是位于前厅内酒店总服务台的简称，一般位于酒店一楼大厅，且各项业务相对集中，是为客人提供入住登记、问讯、兑换外币、结账等前厅综合服务的场所。根据前厅的设计布局，总台应能正对前厅入口处，使总台工作人员能观察到整个前厅、出入口、电梯、正门外客人车辆的到达情况，有利于及时发现各种可疑情况，也可以为接待工作做好准备。此外，前厅内应设有多个服务柜台，其布置必须与前厅总体风格一致。

5. 公共设施

有些酒店还配备了触摸式显示屏（图 1-20），能供客人查阅相关服务设施、服务项目等信息。

图 1-19　总台和服务柜台

图 1-20　酒店触摸式显示屏

6. 洗手间及衣帽间

前厅内应设有中英文字的洗手间指示标志。洗手间应宽敞、干净、无异味，摆放的各种用品（如手纸、面巾纸、小毛巾、香皂、干手器、擦鞋机、感应式水龙头等）应齐全、有效，如图 1-21 所示。

图 1-21 酒店洗手间及用品

7. 其他

例如，位于前厅的服务营业点招牌应显而易见，星级酒店应准备能够显示世界主要客源国（或城市）时间的时钟（图 1-22）或显示牌。

图 1-22 酒店的世界各城市时钟

前厅的环境

前厅必须以其和谐的装潢、宽敞的空间、独特的主题，给客人营造出舒适、享受的氛围，以便让他们留下美好的第一印象和难忘的最后印象。

1. 温度、湿度

前厅空气应清新，一般适宜温度为 22 ~ 24 摄氏度，适宜湿度为 40% ~ 60%，人体在这种温度和湿度下的感受最为舒适。

2. 前厅的光线与色彩

前厅光线最好是一定的自然光线配以多层次的灯光，确保良好的光照效果。客人从酒店大门外进入前厅的过程，是从光线明亮处进入光线暗淡处，若此时的光线变化过快，会让人很不适应。

前厅内，客人主要活动区域的地面、墙面、吊灯等，应以暖色调为主，烘托出热烈、豪华的气氛，如图 1-23 所示；应有文化艺术品，形成良好的文化氛围和感官效果。前厅的服务环境和客人休息区域色彩应略冷淡些，使人能感到平和、宁静，还要适应对客服务和客人休息对环境的要求，从而创造出前厅特有的轻松氛围，如图 1-24 所示。

图 1-23　前厅内的光线色彩

图 1-24　休息区域的光线色彩

前厅的设计和设备的布置应力求光线、温度适宜，自然花木修饰美观，摆放得体，无异味、烟尘、噪声、强风，色调、格调与氛围应协调，令客人感到自然、舒适。

考核评价

考核评价见表 1-3。

表 1-3　熟悉前厅部的布局与环境考核标准

考核项目	考核内容	评分标准	扣分
前厅的布局		一项表述不准确扣 10 分，共 70 分	
前厅的环境		一项表述不准确扣 15 分，共 30 分	
合计			
教师评语			

考核时间：10 分钟，考核总分：100 分

任务 2 　 细节把握总台设计和前厅设备

📖 问题导学

小王发现，不同酒店前台的柜台设计各具特色。那么，酒店大堂的接待柜台是怎样设计的？又有哪些样式呢？前台工作人员在完成工作时需要用到哪些设施设备呢？

了解总台设计
和前厅设备

总台设计

总台设计是否合理将直接影响总台对客服务质量的好坏，通常应考虑三个因素。

1. 总台的外观

总台的形状可依据大堂的建筑结构有所区别，采取曲直相结合的办法。有的为直线形，有的为半圆形，有的则设计成"L"或"∽"形，如图 1-25 所示。总台的高度应以方便客人住宿登记和总台人员的接待服务工作为原则，其理想高度为 1.1 ～ 1.25 米。柜台内侧设有工作台，供总台工作人员使用，台面高度约为 0.85 米，最好设计成倾斜式，有一定的坡度，这样才能既方便员工使用，又不影响其服务仪态。

图 1-25　总台的形状

2. 总台的大小

总台的大小是由酒店接待人数、总台服务项目和计算机的应用范围等因素决定的。通常，酒店的规模越大，接待人数和服务项目越多，总台的面积应越大；反之，则越小。但从酒店发展的趋势来看，总台将日益小型化。

3. 总台的布局

总台的布局应紧凑合理，并以岗位职能划分区域，既要方便客人，又要便于前厅对客服务，有助于提高服务效率。此外，一些酒店为寻求服务差异与特色，针对本酒店商务客源的特点，一改常规的总台站式服务，在大堂分开放置多张商务办公桌，并配以舒适的靠椅，还在桌上放置鲜花，向抵店客人提供面对面的坐式入住登记服务。这种具有高雅文化品位的服务过程，创造出酒店前厅个性化服务的特色，给客人留下了美好难忘的印象，充分显示出了酒店的竞争优势。

前厅设备

前厅部工作的完成需要一些机器设备的使用，前厅部对客服务的运作效率在很大程度上依赖于配备的设备状况。随着科技的发展，酒店的设备越来越现代化，必备设备主要有以下几个。

1. 计算机

酒店前厅部配置的计算机节省了总台服务空间，使用先进的酒店前厅管理系统，扩充了服务信息，提高了服务效率，大幅降低了总台人员的工作量。

2. 制卡机

使用制卡机（图 1-26）为客人制作房卡时，常连同计算机一起使用，不过也可单独操作使用。

图 1-26 制卡机

3. 贵重物品保险柜

贵重物品保险柜（图 1-27）是一种带有门锁、由多个小箱组成的立柜，其数量一般是酒店客房数量的 10% ~ 20%。目前，酒店中任何先进的设备都无法代替贵重物品保险柜的作用。

图 1-27　贵重物品保险柜

4. 客史档案柜

客史档案柜是一种带多层抽屉的立柜，用于存放已经离店的客人资料卡片档案，供酒店工作人员随时查找。

5. 账单架

账单架是用于存放住店客人账单夹（账卡）的架子，一般置于总台收银处，以便存取，通常按房号排。有的酒店将账单架装在小轮车上，随意移动，方便工作人员取用。

6. 电话总机设备

电话总机设备包括用于转接电话的交换机和用于提供叫醒服务的设备，均安装在电话总机房内。

7. 其他设备

前厅部除拥有上述设备外，还应配备行李组设备［如行李车（图 1-28）、伞架等］、简介架、登账机、POS 机、验钞机、PSB 扫描仪、电话机、传真机、复印机和各类文件柜等。前厅部设备、物品必须明确定位，便于工作人员对客服务使用。

图 1-28　行李车

考核评价

考核评价见表1–4。

表1–4　把握总台设计和前厅设备的考核标准

考核项目	考核内容	评分标准	扣分
总台设计		一项表述不准确扣10分，共30分	
前厅设备		一项表述不准确扣10分，共70分	
合计			
教师评语			

考核时间：10分钟，考核总分：100分

知识加油站

前厅部对客服务的全过程

过去，人们一致认为对客服务全过程是由客人抵店—客人住店—客人离店三个阶段构成的。其实更确切地说，对客服务的全过程是一个完整的、循环的过程，开始于潜在客人与酒店的第一次接触，或者开始于潜在客人与酒店的销售代理机构或宣传广告产品的接触，结束于客人办理离店手续后酒店为客人建立客史档案、为下次与客人接触做好准备。对客服务的全过程可以分为五个阶段，分别是客人到达前、客人到达时、客人住店期间、客人离店时和客人离店后。其中离店后这一阶段是这次对客服务全过程的结束阶段，同时，还是下一次对客服务全过程的开始阶段。从某种意义上讲，第五阶段与第一阶段相互交叉，对酒店对客服务全过程起到承上启下的作用。

项目3　通晓员工素质

问题导学

小王和一起实习的同学非常想了解，作为一名合格的酒店前台服务人员，到底应该具备哪些职业素养，才能够完成自己的工作任务呢？

职业素养要求

"二十大报告要求坚持以推动高质量发展为主题，对于酒店行业来说，质的提升和量的增长共同组成了未来的主流发展方向。" 员工是企业的基石，而高素质的人才在酒店发展中起着决定性作用。前厅部作为酒店的窗口部门，其员工的素养有以下要求。

1. 成熟、健康的心理

前厅部员工要有强健豁达的心态，尊重他人，平等相处，增强抗挫折能力。

2. 机智灵活，善于应变

前厅部的工作复杂而灵活，需要时刻与人打交道，因此应反应机敏，可以妥善处理突发状况，发挥好酒店中枢神经的作用。

3. 丰富的学识

前厅部员工要懂得旅游心理学、销售学、社会学、法学、民俗学、管理学等知识。为接待具有不同职业、地域、文化背景和社会阶层的客人，为向他们提供个性化的优质服务做好准备。

4. 善于聆听

前厅部工作人员只有会听，才能领会和理解客人的需求，处理问题时才能通情达理，才能有针对性地满足客人的需求。

5. 过硬的语言能力

除普通话外，前厅部员工还要会说一两种外语（英语为必备语种，此处的外语指除英语之外的）。在与客人进行语言交流的过程中，要学会使用语言艺术。

6. 一定的推销技巧

前厅部的首要功能是推销客房，作为前厅部员工应尽可能地推销酒店的产品和服务。同时，在推销的过程中，前厅部员工要善于控制自己的情绪，不能失态。

7. 娴熟的业务技能

前厅部员工在服务过程中，应讲究效率、时效。如问讯员提供访客查询服务不超过 3 分钟，接待员应在 3 分钟内为客人办理完入住手续等。

仪容仪表要求

前厅部员工在进入岗位开展对客服务之前，必须先检查自身的仪表仪容，应符合岗位要求。

（1）发型梳理整齐，美观大方。员工的头发应常洗，不得有头屑。男员工发际线侧不掩耳，后不及领；女员工需用深色发饰束起长发或盘发，如图 1-29 所示。

（2）面容清洁。男员工经常修面，不留胡须；女员工化淡妆，不可浓妆艳抹。应经常洗澡，身上无异味，保持皮肤健康。

（3）手部保持清洁，指甲长短适中，不得留长指甲，不涂指甲油，不佩戴戒指、项链、耳饰、手链、手镯等饰物，如图 1-30 所示。

图 1-29　员工发型要求

图 1-30　前厅部员工手部要求

（4）上岗必须穿酒店规定的工装，应熨烫平整，纽扣齐全，干净整洁，将服务工号牌端正地佩戴在左胸处，如图 1-31 所示。

图 1-31　工装及工号牌的佩戴要求

（5）皮鞋保持清洁光亮，男员工穿黑（深）色袜子，女员工穿肤色丝袜，如图 1-32 所示。

图 1-32　鞋袜要求

礼貌礼节要求

（1）前厅部员工都应讲究礼貌礼节，最好能用"先生""女士"等词语称呼并问候客人。

（2）说话时语气应温和耐心，双目注视客人，并及时给予应答。若听不清客人的问话时，应主动说："对不起，请您再说一遍好吗？"

（3）始终注意保持环境安静，不可大声喧哗、哼唱歌曲、聚众开玩笑等。

（4）回应客人招呼时可点头或打手势示意领会，不要高声回答。与客人交流时，应注意与客人保持有效的距离（0.8 ~ 1 米），如图 1-33 所示。在交流过程中，要严格把握分寸，不得与客人开玩笑。注意保护客人隐私，避免引起误会。

图 1-33　与客人交谈

（5）前厅部员工不应收取客人赠送的礼物。若不收可能让客人认为失礼时，应表示谢意，待收下后按酒店有关规定处理。

活学活用

客人为表达谢意赠送礼物时，前厅部员工如何婉拒客人，并表达谢意？

考核评价

考核评价见表 1-5。

表 1-5　通晓员工素质的考核标准

考核项目	考核内容	评分标准	扣分
职业素养要求		一项表述不准确扣 5 分，共 35 分	
仪容仪表要求		一项表述不准确扣 5 分，共 25 分	
礼貌礼节要求		一项表述不准确扣 8 分，共 40 分	
合计			
教师评语			

　考核时间：10 分钟，考核总分：100 分

知识加油站

前厅部员工涉及的知识面

前厅部员工应对历史、地理、金融、气候、本地风景名胜、交通状况、外国风俗、宗教等方面的知识有较为全面的了解，具体如下。

（1）熟悉我国外事纪律和本酒店的规章制度，懂得外事接待礼仪礼节，了解主要客源国宗教、政治、经济、地理、历史和民族风俗等方面的知识。

（2）掌握安全消防知识、急救常识及旅游心理学、公共关系学等方面的知识。

（3）熟悉本酒店的服务项目、服务时间、服务特色等。

（4）掌握本岗位的操作规范，了解本部门其他岗位的工作常识和酒店其他岗位的基本常识。

（5）了解本地各景点的位置及交通情况，熟知其中主要景点的基本情况。

（6）熟练掌握一门外语的对客服务会话，并懂得第二外语的基本问候语、数字等的听和说。

学习情境小结

通过本项目的学习，我们掌握了酒店前厅部的功能与作用，了解了前厅部工作的重要性。对前厅部布局、环境以及机构设置的把握，为良好的服务工作打下了坚实的基础。前厅部员工的素质要求为学生提高自身素质起到了良好的指导作用，对他们以后的学习和实践有很大的帮助。

学习考评

一、知识测评

确定本任务关键词，按重要程度排序并举例解读，根据自己对重要知识的捕捉、排序、表达、创新和划分权重能力进行自评，见表 1-6（满分 100 分）。

表 1-6　知识测评表

序号	关键词	举例解读	评分自定
1			
2			
3			
4			
总分			

二、能力测评

对表 1-7 所列作业内容、操作规范等打分，操作错误或未操作即 0 分（满分 100 分）。

表 1-7　能力测评表

序号	能力点	配分	评分自定
1	熟悉前厅部的概念	20	
2	掌握前厅部的功能和组织机构	25	
3	熟悉大堂的布局及环境	30	
4	掌握前厅部员工的素质要求	25	
总分		100	

三、素质测评

对表 1-8 所列素养点打分，做到即得分，未做到即 0 分（满分 100 分）。

表 1-8　素质测评表

序号	素养点	配分	评分自定
1	树立爱岗敬业精神	25	
2	树立精益求精的大国工匠精神	25	
3	提高自身道德修养	25	
4	提高自身的职业操守	25	
总分		100	

思考与练习

一、填空题

1._____ 是前厅部的首要功能，客房营业收入占酒店全部收入的 _____。

2.前厅部是酒店经营活动的主要信息源，主要包括酒店经营的 _____ 和 _____。

3.前厅部的设置原则有 _____、便于协作、_____、_____ 四个方面。

4.酒店大门的规格、大小应考虑到 _____、服务水平、_____ 等因素。

二、判断题（正确的打"√"，错误的打"×"）

1.人体感受最为舒适的空气湿度在 40% ~ 60%。（　　）

2.为方便客人的住宿登记和总台人员的接待服务工作，总台的高度一般为 1 米。（　　）

3.前厅部作为酒店业务活动的中心，是客人与酒店其他部门之间信息传达的桥梁，协调前台、后台之间的对客服务。（　　）

三、简答题

1.前厅部工作人员的职业素养要求有哪些？

2.大型酒店和小型酒店前厅部的组织机构有什么区别？

四、案例分析题

"Yes"引发的不满

一位美国客人来到中国一家三星级酒店总台登记住宿，他用英语询问接待员小周："该房费是否含有早餐？"只会简单英语对话的小周并没有听明白客人的意思，便随口应答了一句"Yes"。

次日，客人去西餐厅吃自助早餐，出于细心，又询问了餐厅的值班员小微这一问题，没想到小微英语水平也不高，在慌忙中也随便应答了一声"Yes"。

三天以后，客人到总台退房结账，可账单上他吃过的每顿早餐的费用都一笔不落。他越想越不明白，明明总台和餐厅值班员都告知"Yes"，为什么还需要支付早餐费用呢？从总台处得知"酒店早餐历来不含在房费中"，客人便将两次"Yes"的原委告知管理者，希望酒店能遵守承诺，但遭到了拒绝。客人无奈便支付了餐费，气冲冲地离开了酒店。

问题：客人为什么气冲冲地离开酒店？此时酒店采取什么措施才能补救？

学习情境 2　预订服务

情境描述

作为一名酒店前厅部门的实习生，最近小王接连遇到几个棘手的问题。一位客人打来电话，要求取消已经预交押金的房间；而另一位已经预订好房间的客人抵达酒店办理入住时，却发现因为是旅游旺季，酒店爆满，系统里并没有预留的房间，这让客人非常生气。面对这些突发的问题，小王手足无措，不知该如何处理。随着工作的开展，在了解预订服务的基础知识后，小王决定全面细致了解客房预订的程序，以便再次遇到预订客房、取消预订等情形时能从容应对。

学习目标

（1）熟悉预订渠道，掌握预订的受理方法。
（2）理解预订的种类及其区别。
（3）能进行散客预订服务。
（4）能进行团队预订服务。
（5）掌握超额预订的处理方法。

项目1 认知预订服务

任务1 预订的概念及意义

问题导学

为了方便以后的工作，小王决定从基础的知识开始了解酒店客房预订的相关内容。什么是预订？预订的意义有哪些？二十大报告就加快建设数字中国做出了新部署，在数智化道路上，酒店目前已能通过智能硬件、智慧运营系统等手段打造全数智化体验的新一代智慧酒店。在客房预订环节，是怎么体现的呢？

什么是预订

客人在入住之前与酒店达成的租住协议称为客房预订，也叫订房（Booking）。为了避免酒店客满的风险，客人会事先预订客房，并希望在抵店时，所订客房已经由酒店准备妥当。而酒店为了给客人提供满意的客房，从而获得较高的住房率，都会用预订系统（图2-1）来受理客人的客房预订。

图2-1 某酒店预订系统

客房预订的意义

（1）通过预订业务，酒店不仅可以拓宽对客服务的内容，还可以为客人提供全面的服务。

（2）作为一项有力的促销手段，预订业务使酒店能更广泛、更直接地接触客人，了解其需求，并能带来更多的客源，从而使客房销售达到理想的出租率。

（3）开展客房预订业务可以帮助酒店更好地预测未来的客源情况，以便及时调整酒店经营销售策略，从而帮助酒店在激烈的竞争中掌握先机。

（4）通过客房预订，酒店可以对物质、资金、劳动力等进行合理的规划和安排，这样有助于提高酒店的整体管理水平和对客服务质量。酒店服务质量高低的评价标准是客人的满意度。良好的宾客关系对于提高客人的满意度，赢得更多的回头客，提高酒店的经济效益都有促进作用。而前厅部是服务人员与客人接触最频繁的地方，最易获知客人的需求，应尽最大可能提高客人对酒店的满意度，为建立良好的宾客关系奠定基础。

考核评价

考核评价见表 2-1。

表 2-1　客房预订的概念及其意义的考核标准

考核项目	考核内容	评分标准	扣分
什么是预订		表述不准确扣 40 分	
客房预订的意义		一项表述不准确扣 15 分，共 60 分	
合计			
教师评语			

考核时间：10 分钟，考核总分：100 分

任务 2　熟知预订的渠道和方式

问题导学

了解完预订的概念和意义后，小王联系了预订部的同事，并就预订的渠道和方式组织了一次社会调研，以此来加深对预订渠道、方式的了解。那么，酒店常用的预订都有哪些渠道和方式呢？

预订的渠道

客人预订客房的渠道一般分为以下几种。

（1）直接向酒店预订。

（2）通过与酒店签订商务合同的单位预订。

（3）通过酒店加入的预订网络预订。

（4）由旅行社代为预订。

（5）由航空公司代为预订。

（6）由会议组织机构代为预订。

（7）由政府机关或企业、事业单位代为预订。

以上几种预订渠道也被认为是酒店的客源销售渠道。对于酒店来说，因人力、财力有限而无法做到仅通过直接销售渠道来吸引客源。为了将自己的产品销售给客人，酒店需要借助中间商的网络、行业优势及规模等，将产品及时、大量地推销给客人，从而扩大客源，增加销售量。

预订的方式

客人采用的预订方式受其预订紧急程度的影响和预订设备条件的限制。因此，客房预订的方式多种多样，各有利弊。客人常采用的预订方式主要有以下几种。

1. 电话预订

客人或者其委托人使用电话预订（图2-2）。这种预订方式较为普遍，且方便快捷，客人与预订员之间可以直接沟通，有助于客人根据酒店客房的实际情况及时调整其预订要求，从而订到满意的客房。

图2-2　电话预订

电话预订方便预订员详细了解客人对用房数量、房型、房价、付款方式、抵离店时间及特殊服务等方面的要求，并选择合适的时机进行电话促销。酒店应尽可能健全地受理电话预订的程序与标准（表 2-2），以确保预订结果准确和有效。

表 2-2 受理电话预订的程序与标准

程序	标准
接电话并问候客人	铃响三声以内，及时接听电话 问候语因时间而定：早上好，下午好，晚上好 自报部门：预订部
询问客人姓名	询问客人姓名，并以姓氏尊称客人 若为外宾，则需要进行英文拼写并复述确认
聆听客人预订要求	注意客人的预订日期，同时查看计算机及客房预订显示架
推销客房	介绍房型和房价，由高价房到低价房 询问客人相关信息并查询计算机，确认客人是否属于合同单位或酒店会员，便于确定优惠价
询问付款方式	在预订单上注明客人的付款方式 对于公司或者旅行社承担费用者，要求在客人抵达前电传书面信函，以做付款担保
询问客人的抵达情况	询问抵达时间及抵达航班 若无明确的抵达时间和航班，则向客人说明酒店将为其保留房间到入住当天的 18：00；如果客人预计的抵达时间超过 18：00，则要求客人告知信用卡号码做预订担保
询问特殊要求	询问客人是否有特殊要求，是否需要接机服务等 对有特殊要求者，需要做详细记录并复述
询问订房人情况	询问订房人联系方式 若为预订代理人，则需要其告知姓名、单位、电话号码，并做好记录
复述预订内容	到达日期、航班号 房型、房价 客人姓名 特殊要求 付款方式 订房人情况
完成预订	发送预订确认函或信息 向客人致谢：谢谢来电，恭候您的光临

预订员在受理电话预订时，要及时接听电话，不可让客人久等。电话铃声响起时，应立即用左手拿起听筒，主动、热情地向客人问好："您好，这里是 ×× 酒店预订部"；电话铃声响三次以上时，则应主动向客人致歉："对不起，让您久等了"；客人所提预订要求不能及时进行答复时，应该请客人留下电话号码，并商定再次通话的时间；客人所提预订要求酒店能够进行受理确认时，则要及时做好完整的记录，为避免出现差错，还需在通话结束前，

重复其主要预订内容，比如"王先生，我给您重复一下您的预订要求，请注意核对。您订的是从5月6日到5月12日的两间标准间，对吗？感谢您的来电，恭候您的光临"；若遇到外宾打电话预订的情况，则应请对方拼写其姓名，复述时亦如此。

2. 网络预订

近年来，网络的发展日新月异，客人可以通过网络了解酒店的房间价格、类型、装饰风格、餐饮特色、娱乐设施等信息，在同一地区也为客人提供了更多可供选择的酒店，从而帮助客人找到最满意的住处。对于酒店方面而言，不仅减少了中介支出，还可通过热门网站提高其知名度（图2-3），从而以较少的支出获得较好的宣传效果。

图2-3　热门网站的酒店网络预订

酒店的网络预订基本是不需要预付的，通常是先预订，到酒店前台再支付。部分网络搞团购、抢购、优惠价等促销活动时，才需要预付。预付是直接通过网上支付的方式支付到网站，入住时可能需要交押金。

要入住的酒店可能会因为客房紧张或入住太晚等原因，需要客人用信用卡做担保，这只是冻结信用卡里的钱，不会直接扣除。客人到前台办理入住手续时，还是需要支付房费的，而信用卡中被冻结的金额也会在离店后自行解冻。

3. 面谈预订

面谈预订（图 2-4）是指客人或其代理人直接来到酒店，与预订员当面商议预订事宜。采用这种方式预订时，预订员可以当面回答客人提出的问题，也可以更详尽地了解客人的需求，视客人的神态、表情、动作而洞察其心理，以便把握时机、采取相应的推销技巧进行销售。

图 2-4　面谈预订

需要注意的是，受理此方式的预订时，为了避免因情况有变而失信于客人，影响服务信誉的情况，尽量不要向客人做具体房号的承诺。当客人不能确定入住的具体天数时，为了方便总台排房，应设法让客人说出最多或者最少的天数；当客人不能讲定抵店时间时，在用房紧张时期，预订员可明确提醒客人：预订的客房保留到抵店当天的 18：00。

4. 传真预订

传真预订（图 2-5）的特点是可传递客人的真迹，如签名、印鉴等，而且传递迅速，即发即收，内容详尽，即可将客人的预订资料原封不动的保存。使用这种方式预订不易出现预订纠纷，可作为酒店与客人进行预订联系的通信手段。

图 2-5　传真预订

活学活用

客人要预订的标准间没有了，但是酒店还有标准稍高的商务间。作为一名酒店预订员，该如何向客人推荐更适合的房型？

考核评价

考核评价见表2-3。

表2-3　熟知预订的渠道和方式考核标准

考核项目	考核内容	评分标准	扣分
预订的渠道		一项表述不准确扣8分，共56分	
预订的方式		一项表述不准确扣11分，共44分	
合计			
教师评语			

考核时间：10分钟，考核总分：100分

任务3　明确预订的种类

问题导学

经过一段时间的实习，小王对预订有了基本了解，心里也有了底气。本着把工作做到最好的原则，小王请预订部资深员工介绍了常见的预订种类。

预订的种类多种多样，酒店通常采用的有临时性预订、确认性预订、保证性预订三种。

预订的种类

1. 临时性预订

临时性预订是指客人在即将抵店前很短的时间里或在抵店的当天联系预订，是预订种类中最简单的一种预订。由于时间仓促，对于这类预订，酒店只能给予口头确认，通常没有足够的时间要求客人预付订金或给客人以书面确认。

当天的临时性预订一般是由酒店总台接待员受理。受理这类订房时，预订员的一般做法是复述客人的订房要求，确认客人的抵店时间以及航班、车次；同时，还要提醒客人所订客房的最晚保留期限为 18：00，从而避免不必要的纠纷。

2. 确认性预订

确认性预订是较常用的一种预订种类，是指酒店承诺为预订的客人保留房间至某一事先声明的时间。到了这一规定时间，客人仍未抵店且无任何声明时，在用房紧张时期，酒店可以将保留的客房出租给未经预订而直接抵店的客人或等候名单中的客人。

确认性预订的方式一般是口头确认和书面确认。相比较而言，书面确认具有以下特点。

（1）证明酒店可以满足客人的住宿要求。

（2）在酒店与客人之间以书面形式达成了协议，约束了双方的行为。

（3）客人的个人基本资料（如姓名、地址等）得到了证实。绝大多数酒店会让持有确认书的客人享受信用限额和一次性结账服务。

3. 保证性预订

保证性预订是指客人保证前来住宿，否则将承担经济责任，酒店必须在任何情况下都保证落实的预订。此类预订保留客房至抵店日期的次日退房结账时间，保护客人免受超额预订的影响，从而确保酒店在预订客人不抵店入住的情况下仍有客房收益。保证性预订分为预付款担保、信用卡担保和合同担保三种类型。

1）预付款担保

预付款担保（图 2-6）是指客人通过缴纳预付款获得酒店的预订保证。若客人预付了一天以上的房费，届时未取消预订而又不抵店入住，则酒店收取一天的房费，取消后几天的预订，并将余款退还客人。

2）信用卡担保

信用卡担保（图 2-7）是指客人使用信用卡来担保预订的酒店客房。为保证预订，该方法要求预订员在准确记录订房要求的同时，问清客人所持信用卡的种类、号码、失效日期等信息。这样，如果客人届时既未取消预订，又不登记入住，酒店为弥补损失，可通过发卡行收取客人一夜的房费。

图 2-6　预付款担保

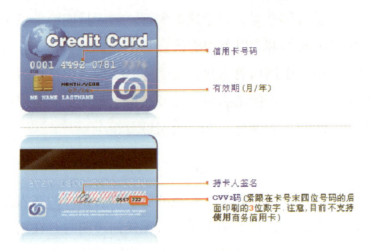

图 2-7 信用卡担保

3）合同担保

合同担保是指酒店与经常使用酒店设施的客户单位签订合同以担保预订。合同的主要内容不仅包括签约单位的账号、地址，还应包括同意为失约而未使用的订房承担付款责任的说明。同时，合同中还应规定通知酒店取消的最后期限，如果签约单位未能在规定的期限内通知酒店取消预订，则酒店可以向签约单位收取房租。

对于担保性预订，酒店必须保证客人一抵达就为其提供所订房间或代找一间条件类似的房间。若为后一种情况，则应执行酒店业中的"第一夜免费制度"，即酒店应代付第一夜的房费、交通费等其他附带费用。

活学活用

临时性预订、确认性预订和保证性预订的特点分别是什么？

考核评价

考核评价见表 2-4。

表 2-4 预订的种类考核标准

考核项目	考核内容	评分标准	扣分
临时性预订		表述不准确扣 20 分	
确认性预订		表述不准确扣 20 分	
保证性预订		一项表述不准确扣 20 分，共 60 分	

续表

考核项目	考核内容	评分标准	扣分
合计			
教师评语			

考核时间：10分钟，考核总分：100分

知识加油站

"定金"与"订金"（图2-8）

　　"定金"是指当事人约定由一方向对方给付的，作为债权担保的一定数额的货币，它属于一种法律上的担保形式，目的在于促使债务人履行债务，保障实现债权人的债权。签合同时，双方必须对定金以书面形式约定，还应约定定金的数额和交付期限。给付定金一方如果不履行债务，无权要求另一方返还定金（图2-9）；接收定金的一方如果不履行债务，需向另一方双倍返还债务。债务人履行债务后，依照约定，定金应抵作价款或者回收。

图2-8　"定金"与"订金"

图2-9　定金不返还

　　"订金"，目前我国法律对此尚没有明确规定，它不具备定金所具有的担保性质，可视为"预付款"，当合同不能履行时，除不可抗力因素外，应让双方当事人根据过错程度承担违约责任。

项目2 散客预订服务

散客预订服务的程序

散客预定服务程序

📚 问题导学

带着自己的疑问，小王请教了预订部资深员工如何进行一次完整的散客预订。那么，散客预订服务操作流程是怎样的呢？

📚 任务实施

前厅部必须建立健全客房预订程序，以保证客房预订工作的高效运行。通常，散客客房预订的程序可概括成图2-10中的七个阶段。

图2-10 散客客房预订程序

通信联系

通常，客人以电话、网络、面谈等多种方式向酒店前厅部客房预订处提出预订要求。而酒店为显示对客人的尊重，常以同样的方式对客人的预订予以回复。

明确客源要求

预订员应主动询问客人的住宿要求及其所需预订信息，并将这些信息填入客房预订单（图2-11），包括客人姓名、人数、国籍、抵离店日期和时间、车次或航班，所需客房种类、用房数量、房租、付款方式、特殊要求、预订人姓名或单位地址、电话号码等信息。

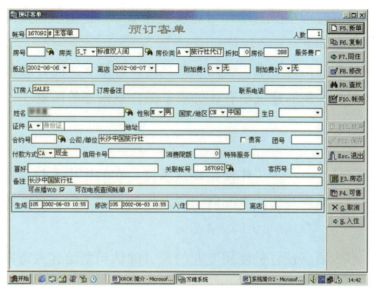

图 2-11　客房预订单

受理或婉拒预订

预订员通过查看预订总表或计算机终端的房态图（图 2-12）来判断酒店的实际客房提供能力能否与客人的预订要求相吻合，从而决定受理预订或者婉拒预订。其影响因素包括以下四点：抵店日期、客房类型、用房数量、住店夜次。

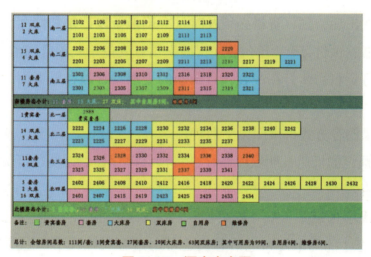

图 2-12　酒店房态图

受理预订意味着预订员将根据预订程序，从事下一阶段确认预订的工作。婉拒预订并非意味着终止对客服务，而是婉言拒绝其预订要求，然后根据具体情况，主动建议客人调换另一类型的客房："……实在抱歉，××女士，您所需的商务套房已经订满了。不过，在您抵店的当天，我们可以为您提供另一间与商务套房面积一样的客房，而且朝向庭院，您看……"另外，也可将客人的预订要求、电话号码等内容记录在"等候名单"上，随后每天检查落实，一旦出现预订空缺，立即通知名单上的客人。

部分酒店为了维持应有的水准，还专门设计了规范的婉拒信函，寄发给客人。酒店常使用的婉拒预订的书信句型如下。

（1）……没有满足您的预订要求，我们深表歉意，希望下次能有机会为您提供服务。

（2）……我们希望各种新的建议中有让您满意的，恭候您的回复。

确认预订

受理预订后，预订员的下一步工作便是确认预订。它的作用不仅是帮助酒店进一步明确客人的预订要求，同时在酒店与客人之间就房价、付款方式、取消条款等达成正式的协议，书面确认尤其如此。

在实际工作中，不少酒店预订员使用专业的预订确认句型给客人寄发确认信件，主要句型有：

（1）非常感谢您 × 月 × 日的来信……

（2）我们很高兴向您确认以下安排。

（3）请允许我们提醒您……

（4）对于其他细节部分，您可参阅随信寄去的有关资料……

预订资料的记录储存

在预订确认书发出后，预订资料必须及时且准确地予以记录和储存。预订资料一般包括客房预订单、确认书、预付订金（预付款）收据、预订变更单、预订取消单、客史档案卡等。对于同一客人的预订资料需装订在一起，且最新的资料要存放在最上面，依序顺推，以利于查阅。

预订资料的记录储存方式可采用以下两种。

（1）按照客人预订的抵店日期顺序储存，将预订单存档，以便预订员随时掌握未来某天有多少客人入住酒店。

（2）按客人姓氏字母顺序（A～Z）储存，将预订单存档，以便预订员查找客人的预订资料。同时，方便前厅部问讯处和电话总机也可通过客人姓氏字母顺序查找相关资料，便捷高效。

修改预订

由于种种原因，预订客人在实际抵店前可能会对其原有预订进行更改或取消。为此，预订员需要对客人的预订进行修改，此时应注意以下服务要点：

（1）及时查找出需要修改的客人的预订单，做出相应标记（更改、取消）。

（2）接到修改预订的请求后，不仅要详细记录修改内容，还要详细记录来电者的姓名、电话号码、单位地址等信息，便于双方联系。

（3）修改与之相应的预订资料，如计算机信息、预订总表、预订卡条等，以确保预订信息的及时性、准确性。

（4）若预订修改内容涉及一些特殊安排，如专车接送、放置鲜花和水果（图2-13）、房间布置（图2-14）等，则需尽快向有关部门发出相应的通知。

图2-13　放置鲜花和水果

图2-14　房间布置

（5）客人在取消时限内通知酒店取消订房，这无疑对酒店是有益的。酒店应该尽量简化取消预订的手续。使用预订取消编码是一种较好的方法，例如，取消编码81711LY521。前3位数字（817）表示客人原订的抵店日期（8月17日，先后顺序需统一）；接下来的两位数字（11）表示该酒店的编号；字母（LY）则表示预订员姓名的两个首字母；最后三位数字（521）表示酒店预订取消的序号。通常，预订取消编码应记录在预订资料上并加以存档。

总而言之，在处理客房预订的更改和取消（表2-5和表2-6）时，预订员应有耐心，且高效率地进行对客服务，并表示希望有机会能再次为客人提供服务。不论是变更、取消预订，还是婉拒预订，客人或酒店方面都有客观原因，预订员要做的是在灵活面对现实的同时，也要表现出极大的热情，并为客人提供有效帮助。

表2-5　变更预订的处理程序与标准

程序	标准
接到客人变更预订的通知	1. 询问要变更预订的客人的姓名及原始抵离日期 2. 询问客人需要更改的日期以及有无其他变更要求
确认变更预订	1. 确认变更前，先要查询新的日期当天的客房出租情况 2. 有空房时，为客人确认变更预订，并填写预订单 3. 记录变更预订的代理人姓名及联系方式
存档	1. 将原始预订单找出 2. 将变更预订单放置在原始预订单之上，订在一起 3. 按日期、客人姓名存档

续表

程序	标准
未确认预订的处理	1. 如果客人需要变更的日期当天酒店客房已订满，应及时向客人解释 2. 告知客人，其预订暂放在等候名单中 3. 当酒店出现空房时，及时与客人联系
变更预订完成	1. 感谢客人的及时通知 2. 未确认时，要感谢客人的理解与支持

表 2-6 取消预订的处理程序与标准

程序	标准
接到客人取消预订的通知	询问要取消预订的客人的姓名、抵离日期
确认取消预订	1. 记录取消预订的代理人的姓名及联系方式 2. 请客人提供取消单号
处理取消预订	1. 感谢预订人将取消要求及时告知酒店 2. 询问客人是否需要做另一阶段的预订 3. 将客人取消预订的信息输入计算机
取消预订完成	1. 将原始预订单找出 2. 将取消预订单放置在原始预订单上面，并订在一起 3. 按日期、客人姓名，将取消单放置在档案夹中相应的位置

抵店准备

客人实际抵店前的最后一项工作便是进行客人抵店前的准备工作，大致分为下列三个阶段：

1. 第一阶段：客人抵店前一周和数周

该阶段的准备工作是：提前一周或数周将酒店的主要客情，如 VIP 客人、大型团队、会议接待、客满等信息通知各相关部门。其方法有：分发各类报表，如"一周客情预报表（表2-7）""VIP 客人接待规格审批表（表2-8）"等；召开由运转总经理主持的协调会。

表 2-7 一周客情预报表

日期：从 ＿＿ 月 ＿＿ 日至 ＿＿ 月 ＿＿ 日

日期	星期	抵店	离店	住房	空房	待修房	住房率/%	人数

送：总经理 ＿＿＿＿＿　餐饮部 ＿＿＿＿＿　大厅 ＿＿＿＿＿　　　　本期平均住房率 ＿＿＿＿＿

副总经理 _____ 客房部 _____ 问讯 _____

值班经理 _____ 商场部 _____ 开房 _____　　　　预订组制表人 _____

营业部 _____ 财务部 _____

安全部 _____ 工程部 _____

表 2-8　VIP 客人接待规格审批表

__ 年 __ 月 __ 日

团队名称 贵宾名称	
情况简介	
审批内容	1. 房费 A. 全免　B. 赠送会客室一间　C. 房费按 _____ 折收　D. 按 _____ 元收费 2. 用餐: 在 _____ 餐厅用餐, 标准为 _____ 元 / 人; 3. 房内要求 A. 鲜花　B. 小盆景　C. 水果　D. 葡萄酒及酒杯　E. 欢迎信　F._____ 名片 G. 礼卡　H. 酒店宣传册 4. 迎送规格 A. 由 _____ 总经理迎送　B. 由 _____ 部经理迎送　C. 锣鼓迎送 D. 欢迎队伍 _____ 5. 其他

呈报部门		经办人		部门经理	
总经理批署:					

2. 第二阶段: 客人抵店前夕

在客人抵店前夕, 将客情及具体的接待安排以书面形式通知相关部门, 做好准备工作, 如分发"次日抵店客人预订表""次日预期抵达客人名单""鲜花、水果篮通知单(表 2-9)"。

表 2-9　鲜花、水果篮通知单

姓名_____ 房号_____	□付款方式:
送达日期_____ 时间_____	□现金
具体要求_____	□信用卡
付款客人姓名_____ 房号_____	□转账
备注_____	

3. 第三阶段：客人抵店当天

客人抵店的当天，总台接待员应根据客人预订的具体要求，提前排房，将有关接待细节（变更或补充）通知有关部门，共同完成抵店前的各项准备工作。

总而言之，客房预订过程是比较烦琐的，对准确率有极高的要求，因此，采用计算机进行全过程的操作是十分有必要的，不仅方便、快捷，还准确、高效。

活学活用

散客预订的程序有哪些？分别有什么特点和注意事项？

任务实训

根据实训要求，学生分小组合作，模拟接待散客的电话预订服务。

实训时间：每组 20 分钟。

实训要求：（1）符合散客电话预订服务的礼节。

（2）符合散客电话预订服务的程序。

考核评价

考核评价见表 2-10。

表 2-10 变更和取消预订的处理考核标准

考核项目	考核内容	评分标准	扣分
变更预订的处理		一项表述不准确扣 12 分，共 60 分	
取消预订的处理		一项表述不准确扣 10 分，共 40 分	
合计			
教师评语			

考核时间：10 分钟，考核总分：100 分

项目 3　团队预订服务

通晓团队预订服务

问题导学

相比于散客预订程序，小王了解到团队客人的预订程序有其自身的特点。为保证预订准确无误，小王对酒店受理团队客人预订、受理团队客人预订信息变更、与接待单位核对团队预订信息、制作团队接待通知单以及完成团队抵店前准备工作等方面都做了详细了解。那么，小王所了解的团队预订服务到底是怎样的呢？它具体包含哪些服务内容呢？接下来，让我们和小王一起学习吧。

酒店团队预订服务包括受理团队客人预订、受理团队客人预订信息变更、与接待单位核对团队预订信息、制作团队接待通知单、完成团队抵店前准备工作五部分。

任务实施

受理团队客人预订

受理团队客人预订的工作步骤见表 2-11。

表 2-11　受理团队客人预订手续

工作步骤	工作标准	工作程序
建立团队编号	按顺序建立	按团队抵店的序号建立新的团队编号，其顺序是：月份（用两个大写字母）+ 年份（1 位数）+ 日期（2 位数）+ 团队序号，如 AP72108 表示 2017 年 4 月 21 日第 8 团；会议编号：CON 缩写 + 年份（1 位数）+ 序号
输入团队预订信息	准确、迅速、无漏项	按团名、抵离日期顺序，逐一将组团单位、人数、用房数、费用报价、房价等信息输入计算机
将团队预订资料存档	注意顺序，方便查询	将团队编号写在该团队预订资料的右上角；存档时按抵店日期、团队编号顺序

受理团队客人预订信息变更

受理团队客人预订信息变更的工作步骤见表2-12。

表2-12 受理团队客人预订信息变更

工作步骤	工作标准	工作程序
调出团队客人的预订资料	准确且迅速	按团队名或抵店日期从计算机中调出相应团队客人的预订信息
更改或取消预订信息	准确无误	1. 根据传真上需要变更的内容，在计算机中做出相应的变更 2. 如传真上涉及两个以上团队的信息，要复印分别留存 3. 将团队编号分别写在对应的预订资料上并签名
留存预订信息变更记录	准确无误	1. 从资料柜中调出相应的预订资料 2. 将最新的预订变更资料放在资料的最上方 3. 将预订资料放回原处备查

与接待单位核对团队预订信息

与接待单位核对团队预订信息的工作步骤见表2-13。

表2-13 与接待单位核对团队预订信息

工作步骤	工作标准	工作程序
整理团队预订资料	准确、清楚、无漏项	1. 将团队客人的预订资料按时间顺序整理，最新的资料放在最上面 2. 将取消的资料存放在资料柜中的取消档中 3. 使用计算机核对预订资料、团队数等信息
与本地接待单位核对团队客人的预订信息	提前1～4天电话联系，进行书面确认，且内容具体、项目齐全	1. 核对团队名、人数、用房数、抵离日期和时间，以及来去方向、国籍、早餐餐别、在店用餐情况等信息 2. 核对客人的特殊要求 3. 若涉及凌晨到达的车次、航班，要弄清楚具体的抵达日期和抵达时间点
记录核对信息	清楚、准确无误	1. ××月××日××航班/车次，由××抵达×× 2. ××月××日××航班/车次，离××前往×× 3. ××接待社，中早/西早，××先生/女士
资料存入资料夹	准确	1. 与系统记录内容核对具体日期的团队数 2. 对没有地接社的计划团及外地组团社所组团队，通知营销部确认本地组织社组团，直接联系确认并做出相应处理

制作团队接待通知单

制作团队接待通知单（图 2-15）的工作步骤，见表 2-14。

单位名称					人 数	
联 系 人		职 务		电 话		
起止日期	年 月 日至 月 日					

客房	房间类型	房数	房价	入住天数	布置要求	

餐饮	日 期	标 准	桌 数（人数）	开餐时间 早	中	晚	餐 饮 要 求

会场	地 点	日 期	开会时间	人 数	价 格	布置要求

结算方式：		会议安排人	

备 注	

客 房		前 厅		餐 饮		财 务	
保 安		工 程		通知日期		接单日期	

图 2-15 团队接待通知单

表 2-14 制作团队接待通知单

工作步骤	工作标准	工作程序
调出团队的预订资料	准确无误地确认及核对记录	根据已经确认的内容，将预订信息按接待通知单格式输入计算机，内容包括抵离店时间、车次、国籍、人数、用房数、用餐情况、用餐标准及特殊要求等
建立团队的总账单及分账单	清楚、准确无误	1. 按规定格式做出账单 2. 当组团社和接团社为同一单位时，按接待单位的要求确定建立总账单的类别和个数
再次核对信息	仔细，准确无误，不漏项	逐项检查，仔细核对所有信息，确保信息准确无误

续表

工作步骤	工作标准	工作程序
打印团队通知单	字迹清楚，内容全面	按计算机系统操作，打印相应份数的团队通知单
发出团队通知单	提前三天发出，团队进店前复查信息	1. 分别发给总台收银、客房中心、宴会部 2. VIP团队需要增发大堂、总经理室、营业部、保安部、营销部、康乐部 3. 发出团队通知单时，必须请有关人员签收
归档留存	准确无误	将签收后的团队通知单留存，并与该团的资料归档在一起，放在资料夹内

完成团队抵店前准备工作

完成团队抵店前准备工作的步骤见表2-15。

表2-15　完成团队抵店前准备工作

工作步骤	工作标准	工作程序
检查并整理团队预订资料	按先后顺序，详细了解预订内容	1. 仔细阅读预订信息文件，查看其主要内容，并注意客人的特殊要求是否在通知单上注明 2. 将事先制作好的店内通知单与接待单位的预订资料分别装订在一起
控制好具体房号，做好用房分配表	符合预订要求和酒店应提供的接待规定，保证不与住店客人发生用房冲突	1. 按照团队用房楼层原则分布，先根据在店团队用房情况进行排房 2. 对于9：00前抵店的团队，应尽量安排在已经空出的房间或上一批团队较早退房的房间 3. 同一团队尽量安排在同一楼层或相近楼层（图2-16） 4. 将分好的房号及时输入计算机并抄写在分房表上，领队房和陪同房需在用房表上注明 5. 分发用房表时，普通团队需发大厅、客房中心留存；VIP团队则需增发大堂、总经理办公室、康乐部、问讯处、保安部等 6. 对于事先提供名单的团队，按分房要求标明房号并将信息输入计算机
制作团队房卡	字迹工整、清晰，准确无误	1. 注明团号、房号、抵离日期等基本信息 2. 根据宴会部的用餐表，在房卡上标明团队用餐地点 3. 对于重点团队，则需根据分房名单分别将客人姓名打印在相应的房卡上
制作团队钥匙信封	准确、方便	1. 按用房数准备好钥匙信封，并在信封上注明分好的房号，同一团队的钥匙信封应归类存放 2. 将房卡装入相对应的房号钥匙信封内；并根据用房分配表，将客人的姓名打印在钥匙信封上

续表

工作步骤	工作标准	工作程序
准备客房钥匙	准确	1. 检查所有的排房是否都是可售房 2. 检查并收集所排客房的钥匙，经过钥匙系统确认后，装入与之对应房号的钥匙信封中
准备内部运作资料	准确、清晰、周到、全面	1. 填写团队一览表和离店表 2. 制作团队确认书并标明用餐地点；开出陪同餐券并注明用餐地点；将团队确认书、陪同餐券与团队资料放在一起 3. 制作团队进店资料夹，将一个团队的分房表、通知单等放在固定的资料夹内，每个团使用一个资料夹 4. 在团队的领队房内放 VIP 水果并布置鲜花 5. 制作 VIP 团队名单，并交大堂
对团队进店前的准备工作逐项检查	仔细地一一落实	根据团队进店准备工作检查表，逐项检查落实，并在检查表上签字

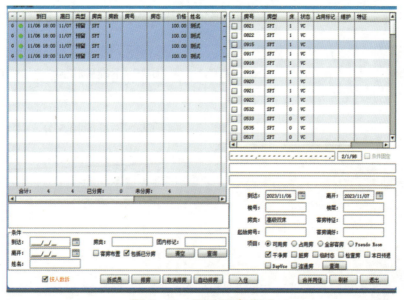

图 2-16　团队用房分配

活学活用

除了文中提到的服务外，请思考一下，团队预订服务还包括哪些内容？具体的工作步骤、工作标准和工作程序又是什么？

任务实训

根据实训要求，学生分小组合作，模拟大型团队抵店前的准备工作。

实训时间：每组 20 分钟。

实训要求：（1）符合大型团队抵店前的准备工作的礼节。

（2）符合大型团队抵店前的准备工作的程序。

考核评价

考核评价见表2-16。

表2-16　模拟大型团队抵店前的准备工作考核标准

考核项目	考核内容	评分标准	扣分
检查并整理团队预订资料		一项表述不准确扣5分，共10分	
控制好具体房号，做好用房分配表		一项表述不准确扣5分，共30分	
制作团队房卡		一项表述不准确扣5分，共15分	
制作团队钥匙信封		一项表述不准确扣5分，共10分	
准备客房钥匙		一项表述不准确扣5分，共10分	
准备内部运作资料		一项表述不准确扣5分，共25分	
合计			
教师评语			

考核时间：10分钟，考核总分：100分

知 识 加 油 站

餐饮部关于 VIP 客人及团队（会议）的接待程序

1. 事前检查

酒店餐饮部（图2-17）建立多级逐级检查的工作机制，以确保接待工作的顺利进行。

图 2-17　酒店餐饮部

2. 检查督导

在接待过程中，餐厅经理、主管、餐饮销售的人员必须全程跟进，在确保接待工作能够顺利进行的同时，将已查出的问题立即整改。

3.VIP 客人就餐的接待要求

（1）在给重点客人提供服务时，餐厅要安排业务技能较高的服务员。

（2）客人就餐期间提出的要求，服务员要及时通知餐厅的主管和经理，餐厅管理人员要尽最大可能满足客人的需求。

（3）进行餐中服务时，餐厅经理或主管要对服务员的服务情况进行不定时抽查。

（4）餐厅经理要不断检查和督导服务员，发现问题要立即处理。

项目4 特殊情况处理

任务1 初识超额预订与缺额预订

问题导学

经过各种了解，小王明白了客人预订但酒店无法提供住宿房间的情况属于超额预订。那么超额预订产生的原因是什么？除了超额预订还会出现哪种情况？如何避免这些情况的发生？

超额预订

超额预订是指酒店为弥补因少数客人临时取消预订而出现的客房闲置，在预订已满的情况下，适当增加客房预订数量。

为保证预订的准确性，前厅部管理人员应随时核对已输入计算机的预订信息和客情预报信息。因为不是所有的预订客人都能如约抵店，总会有一小部分的预订客人因各种主观或客观原因不能按期抵达酒店或临时取消预订，从而延误客房出租，使酒店出现空房而造成一定的损失。所以，酒店为追求较为理想的客房经济效益，有必要实施一定的超额预订。

为避免或最大限度地降低因失误而造成的麻烦，酒店进行超额预订时要掌握适度的超额预订数量和幅度。根据国际酒店的管理经验，超额预订应控制在客房预订数量的5%～20%。

实施超额预订时，需要考虑的因素主要有以下几点。

1. 团体预订与散客预订的比例

团体预订通常是有计划安排的订房，取消预订或者无故不到的可能性不大，需要取消时，一般也会事先通知酒店；而散客预订的特点是较随意，受外界因素的影响较大。所以，在团体预订多、散客预订少的情况下，超额预订的比例应相对降低；反之，超额预订的比例可适当提高。

2. 预订类别之间的比例

当现有预订都是保证性预订时，一般不能再实施超额预订。当保证性预订、确认性预订较多而临时性预订较少时，超额预订的比例应该减小一些；反之，超额预订的比例可适当提高一些。

3. 根据预订情况分析订房动态

预订情况分析是对酒店住客中的预订客人和非预订客人的比例进行分析。如果提前预订的客人所占比例较高，未经预订而直接到店的客人所占比例较低，那么，超额预订量就可适当提高一些，以免因部分客人取消预订而造成客房闲置；反之，超额预订量就应降低一些。同时，对那些预订而无故不到的单位和个人做好记录并存档，在之后处理超额预订时，可以先占用那些经常预订而无故不到的客人的房间，以增加超额预订量。

4. 本地区有无同档次的酒店

若本地区有同档次的酒店，可以适当增加本酒店的超额预订量。这样，当酒店因超额预订量过大而无法提供客房的情况发生时，就可以介绍客人到本地区其他同档次或同星级的酒店。

5. 酒店在市场上的信誉

酒店硬件设施好、服务质量高、服务设施功能齐全且周边交通发达，通常客人到店率就会比较高，超额预订量可适当减小。

6. 根据以往订房资料的统计数据测算出的超额预订量

公式：超额预订率 = 超额预订量 / 可供客房数 × 100%。

缺额预订

缺额预订是指酒店接受的预订数量少于酒店可供房数量，为此，酒店方面应拓展客房预订的渠道，完善预订程序，从而方便客人预订房间。

📇 活学活用

根据所学知识和生活经验，分小组讨论为避免缺额预订可采取的具体措施有哪些？

📇 考核评价

考核评价见表 2-17。

表 2-17　超额预订与缺额预订考核标准

考核项目	考核内容	评分标准	扣分
超额预订的概念		表述不准确扣 20 分	
超额预订考虑的因素		一项不准确扣 10 分，共 60 分	
缺额预订的概念		表述不准确扣 20 分	
合计			
教师评语			

考核时间：10 分钟，考核总分：100 分

任务 2　预订失约行为及其处理

问题导学

　　小王在了解了酒店的超额预订和缺额预订后，知道自己在工作中会经常碰到这种情况，那么酒店对客人失约产生的原因是什么？最正确的处理方式应该是什么？酒店有什么措施可以最大限度地平息客人的怒气并弥补客人的损失呢？

预订失约行为产生的原因

　　（1）未能准确掌握可售房的数量。其主要表现为：客房预订处与接待处、营销部、预订中心系统以及预订代理处的沟通不及时；客房预订处和客房部的客房状态显示出现差异等。

　　（2）预订过程出现错误。其主要表现为：客人姓名拼写错误、抵离日期错误、项目遗漏、存档顺序混乱、预订的变更或取消处理不当等。

　　（3）预订员没有真正领会客人的预订要求，如客人与预订员对于前厅术语的理解不一致；预订员业务素质不高或因疏忽未能最终落实客人的预订要求。

　　（4）部门间沟通不畅。酒店内部各部门缺乏沟通，酒店服务人员缺乏沟通意识与合作精神。

　　（5）预订员对销售政策缺乏认识和了解。

　　（6）没有精确统计信息数据及过"度"实施超额预订。其主要表现为：过高预估了预订不到客人、临时取消客人以及提前离店客人的用房数，过低预估了延期住店客人的用房数等。

预订失约行为的处理方法

对于在规定时间内抵店，并持有保证性预订或确认性预订证明的客人，当由于上述几种原因而导致客人没有房间入住时，按照国际惯例及酒店业常规，可采用的处理方法有以下几种。

（1）诚恳地向客人解释原因并致歉，请求客人的理解。

（2）立即与本地区其他同档次的酒店联系，请求他们的援助。当找不到同档次的酒店时，应安排客人住档次稍高一点的酒店，而高出的那部分房费由本酒店支付。

（3）为客人提供交通工具和第一夜的房费。

（4）为客人免费提供一到两次的长话费或传真费，方便客人将临时改变住处的信息告诉有关人员。

（5）临时保留客人的相关信息，以便为客人提供邮件服务和查询服务。

（6）在征得客人同意的前提下，做好客人搬回酒店时的接待工作，如大堂副理出面迎接客人、在客人房间内放致歉信、赠送鲜花和水果等。

（7）向预订代理人表示歉意。

（8）向提供援助的酒店表示感谢。

而对于其他有预订的客人，当暂时无法提供房间时，应礼貌地向客人说明情况并表达歉意，然后推荐客人入住其他酒店；同时，再向客人表示当第二天有空房时，欢迎其再次入住本酒店。

考核评价

考核评价见表 2-18。

表 2-18　预订的种类考核标准

考核项目	考核内容	评分标准	扣分
预订失约行为产生的原因		一项表述不正确扣 10 分，共 60 分	
预订失约行为的处理方法		一项表述不正确扣 5 分，共 40 分	
合计			
教师评语			

考核时间：10 分钟，考核总分：100 分

知识加油站

酒店有关预订的政策

预订政策不仅可以满足客人的要求，保护客人的切身利益，而且有利于酒店的经营管理工作，还可作为处理预订纠纷的依据和规则，使酒店的预订工作有章可循。预订政策包括以下六个方面：

（1）酒店客房预订规程。包括客房预订的操作程序，团队预订与散客预订的比例，接受预订的数量、期限，超额预订的比例等。

（2）酒店确认预订条款。明确需要确认的对象、时间、方式等。

（3）酒店收取预订金的条款。明确收取预订金的对象、形式、数量、限期以及分段收取的方法等。

（4）酒店取消预订条款。明确通知取消预订期限、订金退还手续、落实部门等。

（5）酒店对预订应承担的责任。明确因工作差错、超额预订失误等引起预订客人无法入住的处理规定，并且各项条款应便于操作。

（6）预订客人应承担的责任。明确当预订客人未能如期抵店、逾期抵店、迟缓通知取消预订时的处理规定。

学习情境小结

本项目主要介绍预订服务的方式和种类，并详细介绍了散客预订服务、团队预订服务、预订变更服务、预订失约行为处理等内容。通过本项目的学习，同学们能够掌握前厅部预订服务的规范服务流程，能为客人提供周到且规范的预订服务，可以为今后的工作打下坚实的基础。

学习考评

一、知识测评

确定本任务关键词，按重要程度排序并举例解读，根据自己对重要知识的捕捉、排序、表达、创新和划分权重能力进行自评，见表 2-19（满分 100 分）。

表 2-19　知识测评表

序号	关键词	举例解读	评分自定
1			
2			
3			
4			
总分			

二、能力测评

对表 2-20 所列作业内容、操作规范等打分，操作错误或未操作即 0 分（满分 100 分）。

表 2-20　能力测评表

序号	能力点	配分	评分自定
1	熟悉预订渠道，掌握预订的受理方法	20	
2	理解预订的种类及其区别	20	
3	能进行散客预订服务	30	
4	能进行团队预订服务	20	
5	掌握超额预订的处理方法	10	
总分		100	

三、素质测评

对表 2-21 所列素养点打分，做到即得分，未做到即 0 分（满分 100 分）。

表 2-21　素质测评表

序号	素养点	配分	评分自定
1	树立爱岗敬业精神	25	
2	树立精益求精的大国工匠精神	25	
3	提高自身道德修养	25	
4	提高自身的职业操守	25	
总分		100	

思考与练习

一、填空题

1. 客人在入住之前与酒店达成的 _____ 称为客房预订。

2. 预订的方式包括 _____、_____、面谈预订、传真预订。

3. 预订的方式多种多样，酒店通常采用的有 _____、确认性预订、保证性预订三种类型。

4. 决定受理预订或者婉拒预订的影响因素包括以下四点：_____、客房类型、_____、住店夜次。

5. 保证性预订分为预付款担保、_____ 与合同担保三种类型。

二、判断题（正确的打"√"，错误的打"×"）

1. 在处理预约失约行为时，可以为客人提供免费的长话费或传真费，以方便客人将临时改变住处的信息告诉有关方面。（　）

2. 缺额预订是指酒店接受的预订数量少于酒店房间的数量。（　）

3. 面谈预订是指客人本人来到酒店，与预订员当面商议预订事宜。（　）

4. 受理预订后，预订员的下一步工作便是预订资料的记录储存。（　）

三、简答题

1. 散客客房预订的程序可概括为哪几个阶段？

2. 取消预订的处理程序包括哪些？

3. 预订失约行为产生的原因包括哪些？

4. 实施超额预订时，需要考虑的因素有哪些？

5. 简述受理电话预订的程序。

四、案例分析题

正在酒店总台值班的小赵接到了客人李先生的电话，他想要修改一下自己的预订信息。若你是小赵，请为李先生提供修改预订服务。

学习情境 3　礼宾服务

情境描述

　　小李是一位公司职员，他第一次远途出差时，公司安排他入住当地的一家五星级酒店。小李刚从机场出来，就找到了酒店机场专车。他注意到，专车一到达酒店门口，就有一位穿着得体的酒店工作人员对专车司机礼貌示意，将车引领到了适当的地方，并主动帮小李打开车门，服务非常周到，让小李感受到了贵宾般的体验。另外，他在外地出差期间买了很多特色礼物，想邮寄给山区的小朋友。小李求助了当地酒店工作人员，帮他寄存了特色礼物，并协助他完成了礼物的邮寄；出差回来后，小李作为嘉宾，参加了一个朋友的求婚仪式，过程温馨而美好。据说是该酒店工作人员帮助他的朋友设计了全部行程及求婚细节。小李对于这样的特别企划很感兴趣，他通过朋友了解到，这是该酒店提供的金钥匙服务。

学习目标

　　（1）掌握迎宾员的工作职责，能为客人提供迎送服务。

　　（2）掌握行李员的工作职责，能为客人提供行李服务和入房服务。

　　（3）熟悉委托代办服务内容，能为客人提供各种委托代办服务。

　　（4）理解金钥匙服务的内涵。

项目1　迎送服务

任务1　了解迎宾员及其职责

问题导学

如此周到的迎接服务让小李非常满意。那么，这类服务人员在酒店前厅中属于什么岗位呢，其工作职责又是怎样的呢？

迎宾员（图3-1）又叫门童，是代表酒店在大门口迎送宾客的专门人员，是酒店的形象代表。上岗时通常穿着特定的制服，热情有礼、精神饱满，随时准备为客人提供优质的服务。酒店通常选用英俊高大的男青年担任迎宾员，有时也由气质佳的女性担任。

图3-1　迎宾员

迎宾员的职责

迎宾员工作时一般站在大门两侧、车道边或台阶下，站立时挺胸、手自然下垂或相握，两脚与肩同宽，穿着有醒目标志的酒店统一制服。其主要负责迎送客人、调车，协助保安、行李员等的工作。

（1）服从礼宾主管的工作安排，按照相应的服务流程迎送客人。

（2）提供开车门和店门服务，对抵店客人表示欢迎并介绍酒店情况。

（3）维护出入车辆秩序，保证大门前车道通畅。

（4）向离店客人道别，主动热情地帮助离店客人招引出租车，督促预订车辆准时出发。

（5）负责酒店门口的安全，精神病患者或衣冠不整者及宠物进入酒店时应加以劝阻。如发现异常情况，要与值班保安人员或大堂副理联系并妥善处理。

（6）有客人询问时要准确回答，主动做好服务工作。

（7）发现果皮、纸屑、烟蒂等杂物要及时清理，保持岗位周围环境的整洁。

（8）下雨天为客人提供雨具的存放和保管服务，必要时为客人提供打伞服务。

活学活用

刘伟是一名酒店迎宾员。某天他工作时，遇到一位带宠物猫的女士想要进入酒店。该女士一再表示猫咪很乖，打过疫苗，绝不伤人。而刘伟觉得不让宠物进入酒店是他的职责所在。为了不起冲突，刘伟应该怎么说，怎么做呢？

任务 2　明晰迎宾员迎送服务

迎宾服务

问题导学

小李对迎宾员有了基础了解后，意识到迎宾员这一工作岗位不是他想象得那么简单。那么，迎宾员的迎送服务具体有哪些操作规范呢？

酒店迎送服务包括酒店大厅迎送服务与机场代表迎接服务。酒店大厅迎送服务包括迎接服务、送行服务与 VIP 客人迎送服务。

任务实施

酒店大厅迎送服务

1. 迎接服务

（1）将客人所乘车辆引领到适当的地方（一般是正门前的台阶下方）停车，从而避免酒店门前交通堵塞，如图 3-2 所示。

图 3-2　引领车辆

（2）开启车门时身体应稍稍趋前，用左手拉开车门 70 度左右，右手挡在车门上沿，为客人护顶。原则上先为后排右座客人开车门，如遇女宾、外宾、老年人，应优先为其开车门，如图 3-3 所示。

图 3-3　开车门及护顶服务

（3）协助行李员卸下行李（图 3-4）时，应注意检查物品是否存在遗漏。

图 3-4　卸下行李

（4）当行李较少时，则在进入大厅前将行李交给行李员，由行李员引领客人到总台（图3-5）。

图 3-5 行李员引领客人到总台

（5）如客人乘坐出租车，应迅速记下车牌号后，继续迎候新客人。

2. 送行服务

（1）将客人需要乘坐的车引导至便于上车和装行李的地方。

（2）协助行李员将行李装入汽车的后备厢，请客人确认无误后关上后备厢盖。

（3）请客人上车时，为客人护顶。等待客人坐稳，确认衣角等没有漏在车外后再轻轻关上车门。

（4）当车门关好后，要立即走到车辆斜前方 0.8 ～ 1 米处，向客人挥手告别，引导并目送车辆离开。

3. VIP 客人迎送服务

VIP 客人是给酒店的形象和效益带来重要影响或与酒店有密切联系的客人。VIP 客人迎送服务是酒店给予 VIP 客人的一种礼遇。

（1）根据需要，负责国旗或彩旗的升降工作。

（2）负责安全保卫工作，维持酒店门口的秩序，避免交通堵塞；维护酒店的外在形象。

（3）正确讲究服务规格，根据客房部的接待通知，准确称呼 VIP 客人的姓名、头衔等，并致以亲切的问候。

机场代表迎接服务

机场代表迎接服务是酒店整体对客服务的延伸。驻机场代表应全面地把握酒店客情，具备高水平的英语听说能力、较强的应变能力和解决问题的能力，掌握客源地旅游者的生活习惯、风俗礼仪等。

驻机场代表的服务程序如下。

（1）熟知当日以及次日酒店的客情。在客人抵达前一天核对姓名、人数、所乘航班号等信息。根据接机预测报告，安排好在机场与酒店间运行的巴士或车队。

（2）在客人抵达当日，根据所乘航班时间提前把信息送入海关，以便检查。在招示牌上醒目写明酒店名称，以及预接客人的姓名等，如图3-6所示。

图3-6 接机招示牌

（3）密切注意航班情况，若时间有变动，应及时将变动情况告知酒店。

（4）接到客人后应主动介绍自己的身份和任务，帮助客人提取行李，引领客人上车。

（5）通知前厅礼宾值班台有关客人抵店信息，包括客人姓名、所乘车号、离开机场时间、用房有无变化等，根据客人房号开立账单。

（6）在送客回酒店的路上，适当介绍沿途的风景，以缓解客人长途旅行的疲劳，给客人留下良好的印象。

（7）一旦出现误接或在机场找不到客人等现象，要立即与酒店联系，寻找客人的去处或确认是否已抵达酒店，并及时与总台确认。

（8）把要事记录在值班日志上，以便下一班的员工能继续完成本班未完成的任务，使酒店的服务在时间上具有连续性。

（9）客人离店时，弄清客人姓名、所乘航班号、离店具体时间、行李件数及其他要求等。

（10）协助客人托运行李和办理相关手续。与客人告别，对客人的光顾表示感谢，欢迎客人再次光临。

活学活用

　　张明是某酒店的一名迎宾员，正在当班。这时，一辆车出现在他的面前，司机熟练地把车停在酒店门前。张明看到车后排坐着两位男士，副驾驶上坐着一位眉清目秀的女士。张明立刻用标准的动作为后排男士开车门、护顶，并注视客人进行简短问候，可以说是非常规范地为客人服务了。接着，他又为女士服务，可那位女士一脸不高兴，张明对此很苦恼。这位女士为什么不高兴呢？张明做错了什么吗？张明该怎么做呢？

任务实训

　　根据实训要求，学生分小组合作，模拟酒店大厅迎送服务。

实训时间：每组 10 分钟。

实训要求：（1）符合酒店迎送服务礼节。

　　　　　（2）符合酒店迎送服务的程序。

　　　　　（3）小组成员团结合作。

考核评价

　　考核评价见表 3-1。

表 3-1　迎送服务考核标准

考核项目	考核内容	评分标准	扣分
迎接服务		一项表述不准确扣 10 分，共 50 分	
送行服务		一项表述不准确扣 8 分，共 32 分	
VIP 客人迎送服务		一项表述不准确扣 6 分，共 18 分	
合计			
教师评语			

　　考核时间：10 分钟，考核总分：100 分

知识加油站

客人等级分类

1.VVIP

VVIP是指非常非常重要的客人，一般是国内外政党和国家级军队元首级别的重要官员。

2.VIP

VIP是指非常重要的客人，一般是政府官员、知名人士，世界和国内名牌企业集团或本酒店的上级主管部门的主要领导人。

3.IP

IP是指重要客人，多为与酒店关系密切的人，旅行社、协会等团体组织的决策人，或是公司部门经理级别以上的人。

4.SP

SP是指特殊客人，一般是经常入住酒店，或曾经发生投诉，或需要特殊照顾的客人。

5.KP

KP是指关键客人，一般是团队翻译、陪同、订房人等，即能在酒店和客人之间起到良好的桥梁作用的客人。

项目 2　行李服务

散客行李服务

任务 1　明确散客行李服务的程序与标准

📒 问题导学

散客入住时，行李员的具体职责是什么呢？

行李员不仅负责为客人搬运行李，引导客人参观房间，还要向客人介绍店内服务项目及当地旅游景点，帮助客人熟悉周围环境，送信、送文件、传递留言、递送物品，替客人约车等。

酒店行李服务是检验员工是否达到良好的服务标准和技能是否过关的重要一环。散客抵店与离店行李服务程序如图 3-7 和图 3-8 所示。

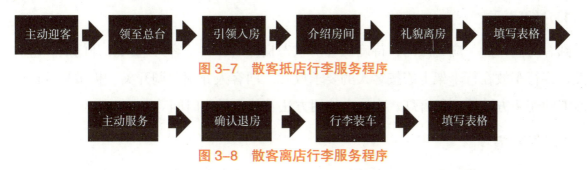

主动迎客 ➡ 领至总台 ➡ 引领入房 ➡ 介绍房间 ➡ 礼貌离房 ➡ 填写表格 ➡

图 3-7　散客抵店行李服务程序

主动服务 ➡ 确认退房 ➡ 行李装车 ➡ 填写表格

图 3-8　散客离店行李服务程序

📒 任务实施

散客抵店行李服务程序

1. 主动迎客

行李员向客人表示欢迎，并主动提拿行李。如客人的行李在车上，应上前帮助客人将行李卸车，请客人一起清点行李件数并检查行李有无破损。

2. 领至总台

将客人引领至总台，请客人办理入住登记手续。行李员应右手背后，站在总台一侧（客人的侧后方）看管行李并等候客人；同时，眼睛注视总台接待员，如图 3-9 所示。

图 3-9　行李员看管行李

3. 引领入房

入房登记完毕后，行李员应主动趋步向前从接待员手中领取房间钥匙或门卡，引领客人行至客房中。途中，应热情主动地问候客人，适时介绍酒店的特色、新增服务项目以及特别活动等。

4. 介绍房间

到客房门口后，应先敲门，待确认客房状态良好后，再请客人进入。开门后，应先开总开关，将行李放在行李架上或按客人的要求放好。向客人介绍空调开关、棉被加枕的位置和小酒吧的使用方法等，留言灯、冷热水使用方法及热水供应时间等。

5. 礼貌离房

离开前，应询问客人是否还有其他吩咐，如客人无其他要求，应向客人道别，然后退出房间，轻轻关好房门。

6. 填写表格

返回大厅后，填写"散客入住行李搬运记录"（表 3-2）。

表 3-2　散客入住行李搬运记录

日期：

Date：

房号 Room.No	上楼时间 Up Time	行李件数 Pieces	行李员 Bell Boy	预计离店时间 Departure Time	备注 Remarks

散客离店行李服务程序

1. 主动服务

（1）大厅内离店客人。行李员应站立于酒店大门附近，随时关注大厅内的客人动态，如遇客人提行李离店，应主动上前提供服务。

（2）客房内离店客人。如离店客人需要进房帮助拿行李，行李员在接到客人收取行李的指令时，应问清客人的房间号、行李件数和收取时间等信息，迅速提供服务。在门口先按门铃，通报自己的身份，经客人同意后进入客房。

如客人不在房内，行李员应请楼层服务员帮忙开启房门取出行李，并与服务员共同核对件数。将行李系上填好的行李寄存卡（图3-10），并注明"OUT"字样、客人姓名、房间号码、行李件数等。

图 3-10　行李寄存卡

注意检查房间内客人的物品是否有遗漏。

2. 确认退房

来到大厅后，先到总台收银处确认客人是否已经结账。若客人未结账，应礼貌地告诉客人收银处的位置。

3. 行李装车

再次请客人清点行李件数。确认无误后，将行李装上车，并提醒客人交回客房钥匙。向客人道别，并欢迎客人再次光临。

4. 填写表格

返回大厅后，填写"散客离店行李搬运记录"（表3-3）。

表 3-3　散客离店行李搬运记录

日期：

Date：

房号 Room.No	离店时间 Departure Time	行李件数 Pieces	行李员 Bell Boy	车号 No.	备注 Remarks

活学活用

小许是一家大型酒店的保安。这天早上，正当班的他见行李员一直忙碌，无暇顾及正要离店的一位新加坡客人，赶忙过去主动接过客人的行李并引领客人至行李值台处，因此时客人较多，小许便又忙着去招呼其他客人了。当他忙完回来，想问一下新加坡客人的情况时，发现这位客人的行李不见了，查看监控录像得知是一个旅行团离店时，无意中错拿了行李。旅行团现在正在去往机场的大巴上，这让新加坡客人很是着急。那么，酒店该如何妥善处理这件事呢？酒店又负有什么责任呢？

任务实训

根据实训要求，学生分小组合作，模拟散客抵店和离店行李服务。

实训时间：每组 20 分钟。

实训要求：（1）符合散客抵店和离店行李服务的礼节。

（2）符合散客抵店和离店行李服务的程序。

（3）小组成员团结合作。

📚 考核评价

考核评价见表 3-4。

表 3-4　散客抵店和离店行李服务考核标准

考核项目	考核内容	评分标准	扣分
散客抵店行李服务程序		一项表述不准确扣 10 分，共 60 分	
散客离店行李服务程序		一项表述不准确扣 10 分，共 40 分	
合计			
教师评语			

考核时间：10 分钟，考核总分：100 分

任务 2　明确团队行李服务的程序与标准

📚 问题导学

了解了散客行李服务的李先生，开始回忆起自己带领公司职员团队入住酒店的场景。团队接待中，有时会发生行李先于团队到达酒店的情况，酒店服务人员需要提供不同于行李与客人一同到店时的服务。那么这两种情况分别是怎样的操作流程？抵店和离店的团队行李服务差异具体体现在哪些方面呢？

团队抵店和离店时的行李服务程序如图 3-11 和图 3-12 所示。

图 3-11　团体抵店行李服务程序

图 3-12 团体离店行李服务程序

任务实施

团队抵店行李服务程序

1. 准备迎接

根据团队抵店时间安排行李员，提前填写进店行李牌，注明团队名称。

2. 清点行李

团队行李到店时，由团队司机或领队陪同，与领班及酒店外行李员共同清点行李件数，检查行李是否有破损，填写"团队行李进出店登记表"（表3-5），写明行李交接情况。如行李有破损，需经双方证实，请团队司机或领队及酒店外行李员分别签字，便于区分责任。

表 3-5 团队行李进出店登记表

团队名称				人数		
抵店日期				离店日期		
进店	卸车行李员		酒店行李员		领队签字	
离店	装车行李员		酒店行李员		领队签字	
行李进店时间		车号	行李收取时间		行李出店时间	车号
房号	行李箱		行李包		其他		备注
	入店	出店	入店	出店	入店	出店	

入店　　　　　　　　　　　　出店

行李主管：_____　　　行李主管：_____

日期/时间：_____ ˋ　　日期/时间：_____

3. 分送行李

1）将行李按客人房号分好

行李与客人一同到店：将行李搬运至行李房，挂好行李牌后摆放整齐。根据接待处的团队用房分配表查出客人的房号，注明在行李牌上，便于行李分送到各房间。

行李比客人先到店：将房间号注明在行李牌上，加盖网罩进行团队区分，待客人到店后再分别派送行李。

2）送行李

行李员将行李分送到客人房间，避免损坏客人或酒店财物。到客人房间后，报告自己的身份，征得客人同意后进入，将行李放在行李架或客人指定的位置。

如发现行李出现差错或件数不够，要立即报告当班领班和主管，并请客人查清。

分送行李后，应请团队领队确认行李分送完毕且无误并签字。

4. 登记存档

每个行李员应将自己分送的件数与客房号码记录下来，将信息准确记录在"团队行李进出店登记表"上，与抵店时的行李件数进行核对，从而确保无误。

团队离店行李服务程序

1. 准确登记

接到团队离店通知后，应将团队编号与送下行李的准确时间记录在交接本上，便于对"团队行李进出店登记表"进行核对与登记。

2. 收取行李

行李员按照团号、团名和房间号收取行李，与客人确认行李件数，如客人不在房间内又未将行李放在房间外，应及时报告领班处理。

行李员将团队所有的行李集中完毕后放到行李房，与团队领队或陪同一起检查确认，分别在"团队行李进出店登记表"上签字，并用行李网罩住团队行李。

3. 行李装车

待运送行李的车达到后，协助外行李员将行李装车，由团队司机和外行李员清点行李件数，分别签字并注明车号。

4. 登记存档

由领班将填写齐全的"团队行李进出店登记表"登记存档。

活学活用

某日一早，客房服务员在清理房间时，发现行李员漏收了某旅行团某间房中的行李。这时，该旅行团已经飞往另一城市。那么，酒店该怎样处理这种情况呢？

任务实训

根据实训要求，学生分小组合作，模拟团队抵店和离店行李服务。

实训时间：每组 20 分钟。

实训要求：（1）符合团队抵店和离店行李服务的礼节。

（2）符合团队抵店和离店行李服务的程序。

（3）小组成员团结合作。

考核评价

考核评价见表 3-6。

表 3-6　团队抵店和离店行李服务考核标准

考核项目	考核内容	评分标准	扣分
团队抵店行李服务程序		一项表述不准确扣 15 分，共 60 分	
团队离店行李服务程序		一项表述不准确扣 10 分，共 40 分	
合计			
教师评语			

考核时间：10 分钟，考核总分：100 分

任务 3　行李的寄存与提取

问题导学

李先生已经对酒店的散客、团队行李服务有了明确的认识，通晓了相关的程序与标准。

这时，他的工作也告一段落，准备离店。服务人员告诉他，他的行李属于长期寄存。顺利提取行李后，李先生对行李的寄存与提取又产生了兴趣。为了方便以后的工作，李先生再次详细咨询了酒店工作人员。

行李员除在客人抵店和离店以及换房时提供行李搬运服务之外，还负责住店客人的行李寄存业务。行李员在为客人办理行李寄存与提取服务时，必须严格按照规定程序，不能因为遇到"老熟人"而省略必要的程序，以免给客人和酒店带来不必要的损失和麻烦。

任务实施

行李短期寄存与提取

酒店住客在总服务台寄存行李时间不超过 24 小时称为短期行李寄存。

1. 行李短期寄存程序

（1）确认客人的身份是否为本店的住客，非住客一般不予以寄存。

（2）请客人出示房卡或钥匙。

（3）问清客人行李中是否有特殊物品或贵重物品，做好记录。

（4）请客人填写"行李寄存单"（图 3-13）并签名。

图 3-13　行李寄存单

（5）将"行李寄存单"寄存联与行李拴在一起，放于指定位置。当行李数量在两件以上时，都要挂行李牌，并注明寄存内容。

（6）将寄存单上的号码、存放区域等填写在行李寄存登记表（表3-7）上。

表3-7　行李寄存登记表

寄存日期	经手人	房号	客人姓名	件数	行李牌 NO.	提示牌	提取日期	提取时间	经手人	备注

2. 行李短期提取程序

（1）了解客人提取寄存行李的需求后，请客人出示"行李寄存单"提取联。

（2）核对"行李寄存单"寄存联，根据号码、种类、件数等为客人查找所提取的行李。

（3）将行李交给客人确认无误后，填写"行李寄存单"上的时间，并由经办人签字，将两联留存归档。

行李长期寄存与提取

1. 行李长期寄存程序

（1）确认客人的身份是否为本店的住客，非住客一般不予以寄存。

（2）请客人出示房卡或钥匙。

（3）问清客人行李中是否有特殊物品或贵重物品，做好记录。

（4）请客人填写"行李寄存单"并签名。

（5）将"行李寄存单"寄存联与行李拴在一起，放于指定位置。当行李数量在两件以上时，都要挂行李牌，并注明寄存内容。

2. 行李长期提取程序

（1）了解客人提取寄存行李的需求后，请客人出示"行李寄存单"提取联。

（2）核对"行李寄存单"寄存联，根据号码、种类、件数等为客人查找所提取的行李。

（3）将行李交给客人确认无误后，填写"行李寄存单"上的时间，并由经办人签字，将两联留存归档。

活学活用

某五星级酒店的客人李先生提着行李准备离店，但因为有事，需要在值班台寄存行李。正在当班的小张接过行李说："您放在这儿就行。""不需要办手续？"李先生问。小张爽快地说："咱们都是老熟人了，您谈完事情直接来找我取就可以了。"李先生道了谢便匆匆离开了。

傍晚，李先生回到值班台，不见小张，只好对当班的小赵说："我将一件行李交给小张了，但他现在不在，你能帮我提出来吗？""请您出示行李寄存提取联，先生。"小赵礼貌地说。李先生只好将事情原委解释了一下。小赵忙说："这可坏了，小张没跟我交代这件事，他下班了，正在回家的路上呢，手机也打不通……""请你想想办法，我赶飞机，时间快来不及了。"李先生急迫地说到。

如果你是案例中的小赵，你会如何处理这件事呢？

任务实训

根据实训要求，学生分小组合作，模拟行李的寄存与提取服务。

实训时间：每组 20 分钟。

实训要求：（1）行李的寄存与提取的程序。

（2）小组成员团结合作。

考核评价

考核评价见表 3-8。

表 3-8　行李的寄存与提取考核标准

考核项目	考核内容	评分标准	扣分
行李短期寄存程序		一项表述不准确扣 5 分，共 30 分	
行李短期提取程序		一项表述不准确扣 5 分，共 15 分	
行李长期寄存程序		一项表述不准确扣 5 分，共 25 分	
行李长期提取程序		一项表述不准确扣 5 分，共 15 分	
小组成员团结合作		小组成员配合不当扣 15 分	
合计			

续表

考核项目	考核内容	评分标准	扣分
教师评语			

考核时间：20分钟，考核总分：100分

知识加油站

行李服务常见问题处理

1. 发现无人认领的行李

（1）在大堂发现无人认领的行李。

行李员首先要向总服务台询问情况，然后将行李放在行李房。及时向领班汇报，根据行李上的线索寻找失主并做好记录。

（2）发放团队行李时，无人认领。

行李员要立即向领班汇报情况，由领班与团队领队或陪同沟通，还要协助领队或陪同找寻失主。

（3）行李房行李寄存时间超期，无人领取。

对于此类情形，行李员要及时向领班汇报，由领班负责查找和联系客人。

2. 送客人进房时，房间尚未整理或有行李

遇到此类情况，行李员首先不要慌乱。应马上关上房门，向客人致歉，立即到总台为客人调换房间。带客人到新换的房间，并向客人道歉。

3. 换房时行李服务程序及要求

行李员在接到换房通知后，应问清客人房号，确认客人是否在房间内。进客人房间前应敲门，经客人同意后方能进入。请客人清点要搬运的行李及其他物品，并将其轻放到行李车上。引领客人到新换的客房后，将行李重新放好，收回客人原有客房的钥匙或房卡，将新客房的钥匙或房卡交给客人后，再离开客房。返回大厅后，行李员应将客人的原客房钥匙或房卡交回给总台接待员，并告知换房完毕。

项目3 委托代办服务

委托代办服务

问题导学

在接受了酒店的超值服务后，小李还想了解一下酒店中有没有类似的其他服务项目，以及它们分别有什么操作程序。

酒店委托代办服务涵盖的内容较为广泛，包括呼叫寻人服务、递送转交服务、快递服务、委托代办旅游服务、雨具出租及保存服务、订餐服务等，且各个服务项目都有其严格的执行细节及程序。

呼叫寻人服务

总台接待员或行李员应来访者的要求，协助其在酒店的公共区域内呼叫寻人。传呼员举着寻人牌（装有柔和灯光，低音量但清脆的铃铛或蜂鸣器）在酒店大堂、健身房等公共区域内寻人时，应注意自己的步伐节奏，以及铃铛的音量。

递送转交服务

递送转交服务的内容主要包括客人的报纸、留言等私人物品的递送或转交。行李员在不打扰客人的前提下，将客人的留言条、信件等从客房门缝中塞入房内，报纸等物品装入袋内挂在门把手上。对于包裹等物品，一定要当面交给客人，请客人在登记本上签字确认已经收到，不能私自偷看客人的隐私。

快递服务

了解客人需要快递的物品种类、重量和目的地，向客人说明有关物品的快递限制。如果客人需要邮寄国际快递，要向客人说明海关对相关物品的限制及托运事宜。同时，为客人提供打包和托运一条龙服务，联系快递公司上门取货，记录托运单号码，将托运单交给客人并收取相关费用。对于涉及贵重或易碎物品的，应请专业公司托运。

委托代办旅游服务

1. 服务准备

（1）与相关景点和旅游代理点合作，建立档案，在酒店内展示（图3-14）。

图3-14　在酒店内展示旅游产品

（2）与一些规模较大、信誉良好的旅行社合作，为委托代办旅游服务打下基础。

2. 服务实施

（1）向客人推荐有价值的线路。

（2）替客人联系旅游代理。

（3）清楚地告诉客人乘车地点和准确时间。

（4）向客人说明旅途应注意的问题。

3. 预付现金

（1）请客人预付现金，并为其开具收据。

（2）当委托代办完成后，如产生了手续费，则将其计入当天收入。

4. 服务记录

（1）请客人填写委托代办委托书，请客人签名确认。

（2）如客人需要发票，到财务部帮忙开具。

（3）存档并做好记录。

◍ 活学活用

李雪是酒店前厅部的一名工作人员。某日下午酒店接待了一对白发苍苍的老夫妻，两位老人很健谈。聊天中，李雪得知，爷爷奶奶是地地道道的本地人，数十年前出国定居，这次回来就是想好好看看自己的家乡。得知这件事后，李雪积极帮助两位老人故地重游，委托办理了旅游手续，安排好两位老人的行程，并千叮咛万嘱咐要照顾好老人家。当两位年迈的客人离店时，特意找到李雪表示感谢。看完案例，请谈谈你的体会。

雨具出租及保存服务

下雨天，客人的雨具、雨衣、鞋子会沾湿大厅地面或地毯。行李员或门童应礼貌地提醒客人把雨具存放在大厅门口的伞架上（图 3-15）。

图 3-15　雨具出借及保存

若客人未带雨具，大厅行李组和酒店服务台工作人员还应提供出租或交押金免费使用雨具的服务。

订餐服务

首先要熟悉店内以及店外特色的餐饮场所；在了解客人的需求后向客人推荐合适的餐厅，其次按照客人的餐饮喜好订餐并请餐厅关照客人；最后向客人确认预订已完成，预祝客人用餐愉快。

◍ 任务实施

熟悉本地机场、火车站、码头、电影院等的地址、联系人、电话，了解客人的需求，明确如果客人的要求无法满足时，可以做到什么程度的变通，并向客人说明各种交通票据的取消条件，以及手续费金额。待订票完成后，可协助客人外出取票。

代办订票服务

（1）填写订票委托单（表3-9）。住店客人要求订票，应持住店凭证到订票处，由客人亲自填写日期、班次、等级等，还要填写第二选择日期及班次。订票委托单由订票员过目无误后签字确认。

表 3-9 订票委托单

房号 Room No.		姓名 Name		人数 Persons		往何处 Destination	
启程日期 Time For Departure	月　日　或　月　日 Month　Date　or　Month　Date				拟 乘 Prefer to Go by No.	次车 Train	
						班机 Flight	
类别 Seat Classification	硬座 Hard Seat	软座 Soft Seat	硬卧 Hard Couchette		软卧 Soft Couchette	预交款 Money Payed Beforehand	
备注 Remarks	第二选择日期及班次：				经手人 Taken by		

注：取票凭证盖章有效（The stamped voucher for getting the tickets）

（2）预收订票款。如果预收了客人的订票款，则应在订票委托单上注明。告知酒店订票是否收取手续费，并向客人说明费用金额。

（3）请客人出示身份证件，问清是客人自己取票还是酒店帮忙取票。

（4）如果酒店尽全力而不能保证有票，必须向客人说明情况，向客人说明万一买不到指定日期的票，是否还能买其他日期或班次的票。

（5）若是酒店帮忙取票，则应把票放在专门的信封内，内含订票委托单的购票联和应找给客人的零钱，在信封上写明日期、班次、票价、客人姓名、预收款数额和应找回金额。

（6）客人取票时，订票员必须收回订票委托单的取票联，把信封交给客人，并让其当面点清。

📚 任务实训

根据实训要求，学生分小组合作，模拟酒店代办订票服务。

实训时间：每组20分钟。

实训要求：（1）符合酒店代办订票的程序。

（2）小组成员团结合作。

📚 考核评价

考核评价见表3-10。

表3-10 委托代办服务考核标准

考核项目	考核内容	评分标准	扣分
委托代办旅游服务		一项表述不准确扣10分，共40分	
代办订票服务		一项表述不准确扣10分，共60分	
合计			
教师评语			

考核时间：10分钟，考核总分：100分

知识加油站

出租车预约服务

当客人要预约出租车服务时，行李员要及时帮助联系。可以预约酒店拥有或是与酒店有协议的出租车公司的指定用车，或打电话从店外叫车。叫车后，行李员应负责到底，从而避免耽误客人的行程。

行李员在出租车到大门口时，要向司机讲清客人的姓名、目的地、要求等。

一般预约出租车应提前两分钟赶到，非预约出租车客人的候车时间应不超过一分钟。待车辆到达停稳后，行李员应在半分钟内打开车门并护顶，请客人上车。

项目4 金钥匙服务

金钥匙服务

问题导学

小李了解到酒店的个性化服务被称为金钥匙服务，他很想知道金钥匙服务的来源，以及有什么具体内容和服务标准。带着这些疑问，小李走进了酒店的金钥匙服务。

金钥匙的由来

"金钥匙"（Concierge）（图3-16）一词起源于法国巴黎。早在1929年，以费迪南德·吉列特先生为代表，率先把委托代办服务上升为一种理念，与委托代办成员共同成立了酒店专业化组织——金钥匙组织。金钥匙组织每年召开一次国际性金钥匙组织年会。金钥匙组织是全球唯一拥有超过80年历史的网络化、个性化、专业化、国际化的品牌服务组织。1997年，中国成为金钥匙组织第31个成员。目前，金钥匙服务已被列入国家星级酒店标准。

1990年，在广州白天鹅宾馆负责前台礼宾部工作的叶世豪加入国际金钥匙组织，成为中国第一位金钥匙。

图3-16 金钥匙标志

金钥匙服务

1. 概念

金钥匙服务的字面意思是守门人、钥匙看管人，是酒店个性化标志的服务，也是酒店服务特色的具体表现，具有浓厚的文化韵味。金钥匙既是一种专业化的酒店服务，又指一个国际化的民间专业服务组织，还是对具有国际金钥匙组织会员资格的酒店礼宾部职员的特殊称谓。酒店金钥匙将给酒店客人带来惊喜，是酒店个性化、特色化的代表。

2. 意义

（1）金钥匙服务的出发点是为客人排忧解难，帮助客人完成难以解决的问题。推出优质服务的品牌，赢得客人的赞许。

（2）金钥匙服务是酒店形象和品牌的体现，不单纯指某项服务内容，它能推动酒店良好形象的树立。

（3）金钥匙服务丰富了酒店服务项目的多样性，是酒店高品质服务的象征和高档次的体现，融合了酒店形象、客人需求和社会赞誉。金钥匙也成了酒店的"万能工"。

3. 服务理念

（1）金钥匙的服务宗旨是：在不违反法律和道德的前提下，为客人解决一切困难。

（2）酒店金钥匙为客排忧解难，"尽管不是无所不能，但是要竭尽所能"，要有强烈的为客服务意识和奉献精神。

（3）为客人提供满意加惊喜的个性化服务。

（4）酒店金钥匙组织的工作口号是"友谊、协作、服务"（Service Through Friendship）。

（5）酒店金钥匙的人生哲学：在客人的惊喜中找到富有乐趣的人生。

4. 徽章

金钥匙组织的徽章如图 3-17 所示。徽章由两把金光闪闪的钥匙交叉组成，分别代表酒店委托代办的两种主要业务：一把金钥匙用于开启酒店综合服务的大门，另一把金钥匙则用于开启该城市综合服务的大门。即金钥匙成为酒店内外综合服务的总代理。

（a）　　　　　　　　（b）

图 3-17　金钥匙组织的徽章

（a）示意一；（b）示意二

金钥匙（图3-18）的素质要求

图3-18　酒店金钥匙

（1）忠诚。忠诚是国际金钥匙组织对金钥匙的最基本的服务要求，包括对酒店和客人忠诚、对社会和法律忠诚。

（2）具有强健的身体和充沛的精力，待人接物做到彬彬有礼，处理问题时机智灵敏，应变能力强，有极强的耐性、韧性。

（3）具有热心的品质和丰富的专业知识。工作和生活中热心与人交往，想方设法帮助到别人。熟悉酒店的业务和与旅游业有关的知识，能担当得起"活地图"的角色。

（4）具有高尚的敬业和乐业精神。金钥匙应本着"敬业是本分，奉献是美德"的心态，遵循"客人至上、服务第一"的宗旨为客人服务。

（5）具有极强的人际交往能力和协作能力，善于广交朋友。以酒店的优势为依托，无论是政府官员还是普通平民百姓，都可以成为自己关系网的一部分。

（6）通晓多国语言。金钥匙服务通常设在高档酒店的礼宾部，而客人往往来自世界各地，所以要求金钥匙通晓多种语言。

活学活用

某酒店的礼宾部接到销售部同事的请求，帮助一位重要客户购买一张从济南到西安的软卧火车票。当时客人并没有入住该酒店，只是拿白金卡作为担保，财务部说追收存在困难。请扮演金钥匙来处理好此次事件，为客人提供高质量的服务。

考核评价

考核评价见表3-11。

表 3-11　金钥匙服务考核标准

考核项目	考核内容	评分标准	扣分
金钥匙的服务理念		一项表述不准确扣 8 分，共 40 分	
金钥匙的素质要求		一项表述不准确扣 10 分，共 60 分	
合计			
教师评语			

考核时间：10 分钟，考核总分：100 分

知 识 加 油 站

酒店管家式服务

酒店管家式服务是酒店内的管家为客人所提供的服务，其中又有"大管家"和"酒店管家"之分。

"大管家"发挥着酒店全面服务的协调作用。

"酒店管家"则是在客人一旦入住酒店，以客人"私人管家"的身份成为套房（家庭）的"经理"和客人的雇员；行使充当客人"私人助理"的职责，处理客人的各种要求、预约、预订、问题、投诉；监督和协调客人所接受的各项服务；通过关注客人入住整个过程中的各项细节，确保客人满意而归。

学习情景小结

礼宾部是酒店第一个直接对外形象展示的窗口，工作内容是为客人提供咨询、运送行李、代办等一系列服务，是酒店形象的代表。通过对本项目的学习，我们掌握了迎宾员迎送服务、行李员行李服务的程序与服务要求，委托代办服务的内容和金钥匙服务的内涵，为以后的工作做好了知识储备。

学习考评

一、知识测评

确定本任务关键词，按重要程度排序并举例解读，根据自己对重要知识的捕捉、排序、表达、创新和划分权重能力进行自评，见表3-12（满分100分）。

表3-12　知识测评表

序号	关键词	举例解读	评分自定
1			
2			
3			
4			
总分			

二、能力测评

对表3-13所列作业内容、操作规范等打分，操作错误或未操作即0分（满分100分）。

表3-13　能力测评表

序号	能力点	配分	评分自定
1	掌握迎宾员的工作职责，能为客人提供迎送服务	20	
2	掌握行李员的工作职责，能为客人提供行李服务和入房服务	25	
3	熟悉委托代办服务内容，能为客人提供各种委托代办服务	30	
4	理解金钥匙服务的内涵	25	
总分		100	

三、素质测评

对表3-14所列素养点打分，做到即得分，未做到即0分（满分100分）。

表 3–14　素质测评表

序号	素养点	配分	评分自定
1	树立爱岗敬业精神	25	
2	树立精益求精的大国工匠精神	25	
3	提高自身道德修养	25	
4	提高自身的职业操守	25	
	总分	100	

思考与练习

一、填空题

1. 开启车门时身体应稍稍趋前，用左手拉开车门 _____ 左右。

2. 有两种客人不能护顶：一是 _____ 的客人，二是 _____ 客人。

3. 散客离店行李服务程序：主动服务、_____、_____、填写表格。

4. 如行李有破损，需经双方证实，请 _____ 签字，便于区分责任。

二、判断题（正确的打"√"，错误的打"×"）

1. 客人取票时，订房员必须收回订票委托单的购票联，把信封交给客人并当面点清。（ ）

2. 1990 年，中国成为金钥匙组织第 31 个成员。（ ）

3. 广州白天鹅宾馆负责前台礼宾部工作的叶世豪加入国际金钥匙组织，成为中国第一位金钥匙。（ ）

4. 门童工作时一般站在大门两侧、车道边或台阶下，站立时挺胸、手自然下垂或下握，两脚与肩同宽。（ ）

三、简答题

1. 前台礼宾部常见的代办服务有哪些？

2. 简述团队离店行李服务的程序。

3. 门童的职责有哪些？

4. 金钥匙服务的内涵是什么？

四、案例分析题

二十大报告指出，全面建设社会主义现代化国家，必须坚持中国特色社会主义文化发展道路，增强文化自信，围绕举旗帜、聚民心、育新人、兴文化、展形象建设社会主义文化强国，发展面向现代化、面向世界、面向未来的，民族的科学的大众的社会主义文化，激发全民族文化创新创造活力，增强实现中华民族伟大复兴的精神力量。

某酒店孵化并运营多个各具特色的酒店服务品牌。有以"东方现代高尚生活"为主张，倡导现代生活回归中国文化审美与体验，致力于东方精神在国际视野中的觉醒与创新。也有致力于将每一个目的地的景致与人文底蕴融合在产品中，以独具匠心、圆满和润的中式服务为内核，彰显极具地域特色与生命力的文脉资源。还有传承城市建筑匠心，将传统木雕工艺融入传统宅院中，深度还原合院式民居。这些产品融合传统与当代潮流，重新定义中国文化传承。

　　请大家结合报告中所提到的增强文化自信侧重点及以上酒店特色产品，选取其中一个酒店产品，设计该酒店"金钥匙"个性化服务流程。

学习情境 4 总台接待服务

情境描述

某团队来到酒店前台办理入住登记，小王作为前台服务人员面带微笑，举止得体，按照标准的接待程序为他们办理了入住手续。当天下午，小王却接到了客人对他的投诉。他很郁闷：自己明明按照标准接待程序办理，为何会遭到投诉呢？某天，小王所在的酒店接待了一个来自新西兰的商务客人团队。酒店为了方便客人、促进消费，向客人提供了统一结账服务，即前台收银处不断累积客人的消费额，直至他离店或其消费额达到酒店政策所规定的最高欠款额，才要求其付款。五一假期，来某地出差的沈经理入住了小王所在的酒店，凌晨时分，沈经理从外面应酬回来打开房门，却发现陌生人已经入住。沈经理以为自己走错了房间，拿着房卡来到前台确认，小王这才发现是上一班人员卖重房了，他立即给沈经理道歉，并为其升级了另一个套房入住。

学习目标

（1）能熟练地为不同类型的客人提供入住登记服务。

（2）掌握问讯服务的内容与要求。

（3）能熟练地为客人提供结账收银服务和贵重物品保管服务。

（4）能正确处理总台接待客人时出现的其他问题。

项目1　办理入住登记手续

任务1　散客入住登记程序

散客入住登记程序　情景英语——散客入住登记

📚 问题导学

原来小王接到的投诉是客人办理入住手续时，觉得冗长繁杂的登记程序浪费了他们的时间。那么散客入住的程序是怎样的呢？

入住登记（以外国客人为例）如图4-1所示，是前厅部对客服务全过程中的一个关键阶段。办理入住登记手续是客人与酒店间建立正式的合法关系的最根本的环节。办理入住登记的目的有：遵守国家法律中有关入住管理的规定；便于获得客人的个人资料；满足客人对客房和房价的要求；推销饭店服务设施，方便客人选择；为客人入住后的各种表格和文件的形成提供可靠的依据。

						年　月　日至　年　月　日
房号 Room No.	姓名 Name in full	性别 Sex	出生年月 Date of Birth	职业 Occupation	国籍 Nationality	护照号码 Passport No.
签证号码		机关		种类		
有效日期		入境日期		口岸		
留宿单位				接待单位		

图4-1　入住登记

📚 互动探究

接待员小王在给团队办理入住登记手续时，执行了散客接待程序，因此被客人投诉。那么，散客入住登记程序是什么呢？

散客入住登记程序如图4-2所示。

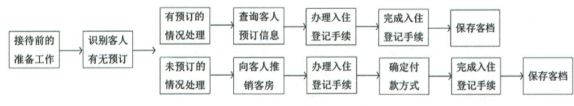

图 4-2　散客入住登记程序

任务实施

接待前的准备工作

酒店前台在客人抵店前收集客人预订阶段的信息，有利于缩短登记过程，在客人到达酒店后只需签字确认即可完成入住登记手续。

办理入住登记手续需要准备表格与房卡（图 4-3），以及其他必需的办公用品；查看房间状态（图 4-4），了解当天的入住情况、所剩房间类型以及数量；查看计算机系统是否正常；查看交接班日志，了解上一班工作人员的工作情况；查看预订名单和 VIP 客人名单。

图 4-3　房卡

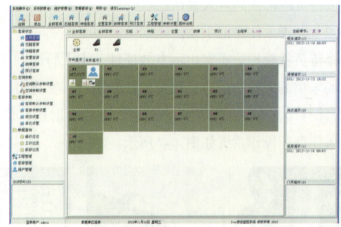

图 4-4　查看房间状态

识别客人有无预订

1）有预订的情况处理

（1）查询客人预订信息。

当客人进入大堂距离前台 3 米远时，接待员应立正站好目视客人，向客人点头致意："先生 / 女士，您好。"主动问候客人并询问有无预订；如果知道客人姓名或职位等，应用姓名或头衔等称呼客人，使客人感觉自己受到了尊重。若客人预订了，应礼貌问讯预订者信息，迅速查找计算机或查阅打印出的客房预订表（图 4-5），并复述其预订房间种类、住店夜次、价格等主要内容。

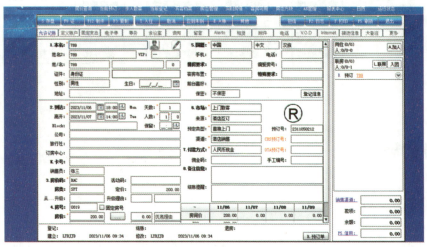

图 4-5 查询客人预订情况

若客人持有预订凭证（确认函或短信），接待员应礼貌地请其出示预订凭证的正本，注意检查客人姓名、酒店名称、房间种类、住宿天数、抵店与离店日期、用餐安排、预订凭证发放单位的印章等内容。向客人解释预订凭证所列内容，并为客人解答疑问。若客人已付订金，接待员应再次向客人确认已收到的订金金额。

（2）办理入住登记手续。

接待员礼貌地请宾客出示有效证件，在人脸识别人证核验一体机前刷取个人身份证，并与现场采集的人脸图像进行比对，核验用户真实身份，确认证件与持证入住者人证一致（图 4-6）并打印宾客住宿登记单。若客人在预订时已付款，则只收取押金并为客人开具押金收据。入住登记操作系统如图 4-7 所示。

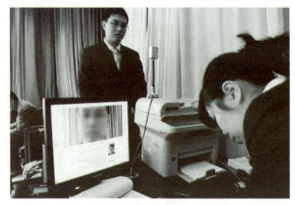

图 4-6 上传证件信息

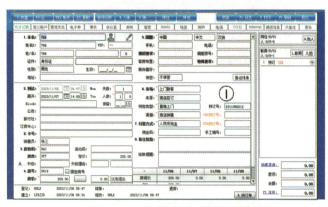

图 4-7 入住登记操作系统

接待员应在保证质量的前提下，尽可能地为客人减少办理入住登记手续的时间（一般为 2 ~ 3 分钟），提高入住效率。

（3）完成入住登记手续。

接待员请客人在住宿登记单上签字确认，将房卡（或钥匙）双手交给客人，说明房号、早餐的时间和地点，以及电梯位置。同时，提醒客人可将贵重物品寄存在酒店免费提供的保险箱内。

待入住登记手续办理完成后，接待员应询问客人是否需要安排行李服务（如果客人需要，则安排行李员引领其进房）。主动与客人道别，然后将客人的入住信息通知客房中心。也有些酒店在客人进房 7 ~ 10 分钟后，通过电话与客人联系，询问其对客房是否满意，并对其光临再次表示感谢。

（4）保存客档。

将客人入住登记单第二联交与收银员入账夹，将客人与结账相关的详细内容（如客人所享受的折扣率、信用卡号码、享受免费日期、付款方式等）输入计算机客账单内并按规定存档；更改计算机中的预订和房态（图 4-8）等信息，并将这些告知房务中心。

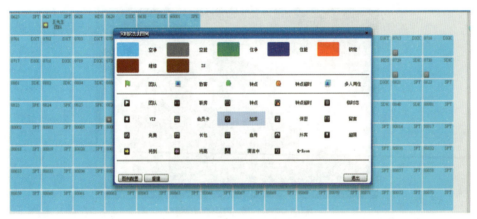

图 4-8　更改房态

2）未预订的情况处理

（1）向客人推销客房。

若客人未经预订而直接抵店，接待员应首先询问客人的住宿要求，然后查询当天客房的销售状况（图 4-9），判断能否满足客人的要求。若能提供客房，接待员应向客人介绍房间的种类、方向、价格等，在了解客人的住宿要求和消费水平后，应适时向客人推荐较高等级的客房，讲明该客房的优势，弱化客房的价格。

若已无可出租房间，应向客人致歉，并介绍附近酒店情况，询问是否需要帮助订房。若客人

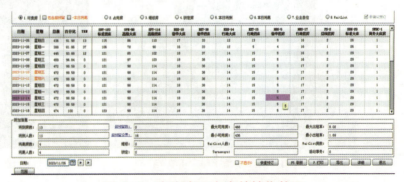

图 4-9　查询当天客房的销售状况

提出协助要求，则设法为客人预订其他酒店。

（2）办理入住登记手续。

接待员礼貌地请宾客出示有效证件，在人脸识别人证核验一体机前刷取个人身份证，并与现场采集的人脸图像进行比对，核验用户真实身份，确认证件与持证入住者人证一致，形成入住登记记录并打印《客人住宿登记单》。

（3）确定付款方式。

征询客人付款方式，收取押金并为客人开具押金收据。

未预订客人通常采用的付款方式有信用卡、现金、支付宝或微信扫码等。

对于采用信用卡结账的客人，接待员首先应辨明客人所持信用卡是否属于中国银行规定的且能在本店内使用，然后检查信用卡的完好程度及有无破损、有效期。随后，使用POS机刷卡（图4-10）并打印签购单，将签购单和账单一起交总台收银处签收。

图4-10　用POS机刷卡

对于使用现金结账的客人，根据酒店制订的预付款政策，接待员首先要判断客人是否需要预先付款。然后根据客人交付的预付款数额，来决定给予的信用限额。

酒店使用条码枪扫客人提供的支付宝或微信付款码（图4-11和图4-12），客人确认支付后打印出签购单，经客人签字后完成付款。

图4-11　支付宝付款码

图4-12　微信支付

（4）完成入住登记手续。

（5）保存客档。

活学活用

某日，某国际酒店一下来了十三位国内客人，其中有三个三口之家，都带着婴儿，已进行了网络预订，还有一对新婚夫妻和两位七十岁左右的老先生没有预订房间。他们都选择入住标准间，请你为他们办理入住登记手续。

任务实训

根据实训要求，学生分小组合作，模拟办理散客入住登记手续。

实训时间：每组 20 分钟。

实训要求：（1）符合酒店入住登记的服务礼节。

　　　　　（2）符合酒店接待的服务程序。

　　　　　（3）小组成员团结合作。

考核评价

考核评价见表 4-1。

表 4-1　办理散客入住登记程序考核标准

考核项目	考核内容	评分标准	扣分
有预订的情况处理		一项表述不准确扣 10 分，共 40 分	
未预订的情况处理		一项表述不准确扣 12 分，共 60 分	
合计			
教师评语			

考核时间：20 分钟，考核总分：100 分

任务2　办理团队入住登记手续

问题导学

实际上，团队入住登记程序与散客存在很大区别。那么，团队入住接待程序是怎样的呢？

1. 准备工作

核对预抵团队信息。清楚团队名称，找出订房资料，与领队或陪同确认团名、团号、团队人数、用房数、抵离店时间等信息。

查看酒店团队接待通知单，了解团队详细日程安排表，并根据团体订房要求，查看房态资料，在团队宾客到达前，提前在系统中分配好房间，进行预排房。

随时与客房部联系，了解团队预排房楼层及客房的卫生清扫情况。

准备好团队客人房卡钥匙袋。钥匙袋上标有团号和团队名称、房号，内有客房钥匙、餐券等。

2. 入住登记手续

（1）热情迎候客人。团队客人到达后，由销售部团队联络员迎接，一般团体人数较多，需要大堂副理一同维持秩序。

（2）收取证件。向团队领队或陪同收取登记入住的必要证件，如客人身份证件、团体签证或团队客人登记表，并进行登记。仔细核对证件的有效性和真实性，登记扫描后交给领队或陪同将证件归还给宾客。

（3）登记分房。请领队或全陪在复印的团队签证或团队客人登记表上分配好房号。团队接待员协助陪同或领队分配客房，发放钥匙和房卡。及时做团队入住登记，更改团队用房的房态。确认团队最终用房情况填写，填写团队入住确认表，与团体负责人确认用房数、房型、可陪床位数、餐饮安排等。

（4）确认支付方式和内容。团队账目结算可以由导游以现金或者刷卡等方式现付结清，也可以由销售部与旅行社或者团队接待方代理人之间完成。团队入住，旅行社或会议、活动主办方大多只负责房租和餐费，其他费用则需由客人自理。

（5）确认时刻表。与领队或陪同确认团队次日叫早时间(Morning Call 或 Wake-up Call)、早餐时间、出发时间等。

（6）引导入住。入住手续办理完毕后，前台接待员将标明房号的团体客人名单交行李员，以便其分发行李。

（7）建立团账。打印出该团队的住房明细表，分发给各客房部、餐饮部、总机、礼宾处、大堂副理等相关部门和岗位。及时将所有相关信息输入酒店管理信息系统中。将团队订房资料、团队登记表、付款证明等一起放入"入住团队文件夹"中。

3. 注意事项

（1）团队客人入住登记程序如图 4-13 所示。

图 4-13　团队客人入住登记程序

（2）对于团队或会议客人，可按照酒店营销部发来的接待通知单和排房名单（图 4-14）提前安排好客房，并准备好房卡、酒店促销宣传单、用餐券等，然后提前交给领队或陪同。

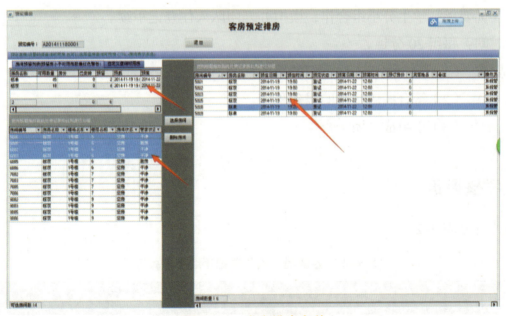

图 4-14　宾客排房名单

（3）若是大型团队或会议，则由酒店专职的团队联络员或接待员事先在大厅某一区域安排好临时桌椅，准备好相关材料，并在这一区域树立起醒目的团队或会议名称的示意牌，如图 4-15 所示。以便团队或会议客人抵达时直接在指定区域办理手续，避免大厅内出现拥挤堵塞的混乱现象。

4-15　团队名称示意牌

（4）若酒店设有驻机场代表，团队或会议客人抵达机场时，机场代表则应前往迎候，并与陪同及领队联系，将该团队客人乘坐的车辆号码、离开机场的时间、行李件数及其他需引起关注或特殊关照的情况通知礼宾部或大堂副理，由大堂副理再通知团队协调员或总台接待员，从而有助于做好调整工作，提高接待效率。

任务实训

根据实训要求，学生分小组合作，模拟办理团队入住登记手续。

实训时间：每组20分钟。

实训要求：（1）符合酒店入住登记的服务礼节。

　　　　　（2）符合酒店接待的服务程序。

　　　　　（3）小组成员团结合作。

考核评价

考核评价见表4-2。

表4-2　办理团队入住登记手续考核标准

考核项目	考核内容	评分标准	扣分
准备工作		一项表述不准确扣6分，共24分	
入住登记手续		一项表述不准确扣8分，共56分	
注意事项		一项表述不准确扣5分，共20分	
合计			

续表

考核项目	考核内容	评分标准	扣分
教师评语			

考核时间：20分钟，考核总分：100分

知识加油站

VIP客人入住登记程序与标准见表4-3。

表4-3   VIP客人入住登记程序与标准

程序	标准
接待VIP客人的准备工作	1. 根据VIP客人接待通知单，核实人数、VIP客人的职位高低、特殊要求等 2.VIP客人房间的分配力求选择同类客房中方位、视野、景致、环境、房间保养等方面处于最佳状态的客房 3.VIP客人到达酒店前，将装有房卡（印有VIP客人姓名和房号）、班车时刻表的欢迎信封和登记卡放至客房经理处 4. 客房经理在客人到达前检查房间，确保房间状态正常，礼品的发送准确无误
办理入店手续	1. 以客人姓名或职务称呼客人，及时通知客房经理，由客房经理亲自迎接并送至房间 2. 接待员收集VIP客人的身份证件，待完成入住登记后，将其送回至VIP客人房间
信息存储	1. 复核有关VIP客人资料的正确性，并准确输入计算机 2. 在计算机中注明VIP客人的身份，以提示其他部门或人员注意 3. 为VIP客人建立档案，以便作为预订和日后查询的参考资料

项目2 问讯服务

任务1 问讯服务内容与规范

问询服务内容与规范

问题导学

外地客人初来本地，人生地不熟。酒店问讯处能在哪些方面给客人提供生活上的帮助呢？

问讯服务内容

前厅问讯处（图4-16）包括解答客人的各种询问、提供留言、处理邮件等服务项目。为了做好问讯服务，问讯处应准备交通时刻表、旅游景点宣传册、酒店宣传册、世界地图、中国地图、本市地图、价目表等多种资料和工具书，还应有当日报纸、酒店向导卡和查询资料架等，以便问讯员随时查用。

图4-16　问讯处

1. 有关酒店内部情况介绍

酒店内部的情况介绍通常涉及酒店各营业场所的营业推广、促销活动等服务信息，如餐厅的位置、营业时间及促销内容，宴会、会议、展览会举办场所及举办时间（图4-17），健身、医疗、洗衣、穿梭巴士等服务的营业时间及收费标准等。上述信息内容，问讯员均应熟知，以便给予客人准确、肯定的答复。对于不能即刻解答的问题，应通过请教他人或查阅资料给予客人答复，不能用模棱两可的词或否定词回答。

图 4-17   大堂 LED 会议信息屏

2. 有关酒店外部情况介绍

有关酒店外部情况介绍通常涉及酒店所在地的娱乐场所、商业中心、政府机关部门、高等院校以及企业所处位置，酒店所在城市的旅游景点及交通情况、国际国内航班情况，本地各宗教场所的名称、地址及开放时间等。因此问讯员必须有广博的知识、较高的外语听说能力，熟悉酒店所在城市的风光、交通情况，懂得交际礼节，了解各国、各民族风土人情及风俗习惯。问讯员的服务应做到热情、耐心、快速，有问必答，百问不厌。

3. 有关住客查询

有关住客查询是来访客人问讯的主要内容之一，问讯员的回答通常不涉及客人的隐私。应首先从酒店管理系统中查看客人是否为本酒店的住客（图 4-18），然后确认其房号，拨打客房电话联系住客，将来访者的信息告诉住客，经客人同意后才可将房号告诉来访者。如果客人不在客房内，可视情况在酒店公共区域通过呼叫等方法帮助来访者寻找被访的客人。问讯员不能未经住客许可便直接将房号告诉来访者或直接将来访者带入客房。

图 4-18   酒店管理系统软件

随着科技的发展，多媒体技术走进了越来越多的酒店。为了方便入住客人，增加酒店的竞争优势，突出酒店产品的差异，有些酒店可让住客在房间内的电视机屏幕上查到留言、预订机票、购物指南、特色服务信息、银行服务范围、外汇牌价等，深受客人欢迎。

互动探究

前厅部问讯员小王正在忙着帮助客人设计出游线路，这时另一位客人问小王早餐时间，还没有忙完手头工作的小王不耐烦地让客人自己打电话询问早餐厅。最终，客人失望地离开了前台。小王的做法正确吗？一名合格的问讯员应满足哪些要求？

问讯服务规范

1. 问讯服务礼仪

1）尽量满足客人需求

问讯处是对客服务的重要部门，处于酒店的中心位置。问讯处为客人提供酒店设施及服务项目的准确信息，必须是酒店的主要信息源。问讯处能提供的信息越多，就越能满足客人的需求。

2）注意形象，推销酒店

问讯员要努力推销酒店的设施和服务，必须对酒店的形象负责。为了提高工作效率，问讯员应熟练掌握店内各种设施的服务项目、位置和营业时间。

3）掌握住客资料

对于住店客人的资料，问讯员可以通过住店客人名单掌握，并按照字母的顺序加以排列，方便酒店查询。

2. 问讯服务工作规范

1）接受客人要求

问讯员首先应给客人一种乐意帮忙的态度，对客人的问题（客人的名字、房号等）内容做好记录。重复客人的问题表示自己明白客人的需求，如果客人的问题是其他部门未完成的，问讯员也应帮助客人联系相关部门，不能推诿。

2）解决问题

问讯员应告诉客人解决其需求的方案和大约所需时间，涉及费用问题时一定要提前告知客人。如果可能，要告诉客人事情的进展情况。

3）善后工作

待客人的需求解决后，问讯员要对客人的问题与需求做好记录，以便查询。

活学活用

一位酒店住客打电话询问该市的旅游情况，问讯员应该如何进行接待？

考核评价

考核评价见表4-4。

表4-4　问讯服务考核标准

考核项目	考核内容	评分标准	扣分
问讯服务的定义		表述不准确扣10分，共10分	
问讯服务的内容		一项表述不准确扣10分，共30分	
问讯服务的规范		一项表述不准确扣10分，共60分	
合计			
教师评语			

考核时间：10分钟，考核总分：100分

任务2　明晰留言与邮件的处理

问题导学

问讯处除了为客人提供问讯服务，还有哪些服务呢？

处理留言

1. 访客留言

访客留言是指来访客人对住店客人的留言。访客在留言时应填写"访客留言单（图

4–19)”，然后问讯员打开被访者客房的留言灯（图 4–20），将访客填写好的留言单第一联放入钥匙邮件架内，第二联送电话总机组，第三联交信使或行李员送至客房门口，从房门底下塞入房间。

留言条
ESSAGE
给与：先生/太太/小姐 ______ 房号 ______
TO: MR./Mrs./Miss Room No.
日期：______ 时间：______上午/下午
Date Time a.m/p.m
由：先生/太太/小姐 ______ 之 ______电话号码
Mr./Mrs./Miss of Tel No.
□曾致电 Telephoned
□曾来拜访 Came to visit you
□请复电 Please ring back
□将再致电 Will call again
□留言 Message ______

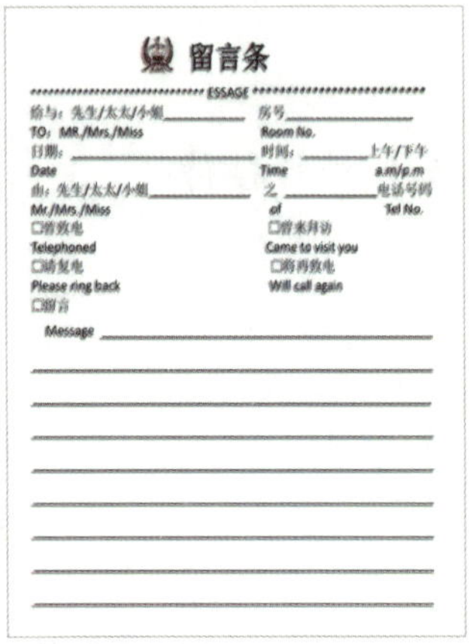

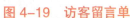

图 4–19　访客留言单

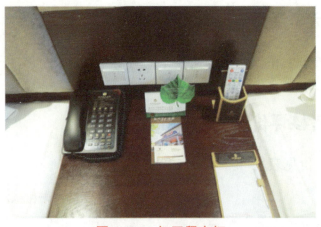

图 4–20　打开留言灯

客人可通过三种途径获知访客留言内容：取钥匙得到留言单；进入客房时发现留言单；看到房内留言灯亮着，通过询问问讯处获悉留言内容。问讯员在了解客人已得到留言内容后，应及时关闭留言灯。晚班问讯员检查钥匙邮件架时如发现仍有留言单，要立即检查该房号的留言灯是否已经关闭。如果留言灯仍未关闭，应打电话与客人联系，告知客人留言内容；如果留言灯已经关闭，则可将架内的留言单作废；如果客人不在酒店，则应继续开启留言灯及保留留言单，等候客人返回。

留言具有时效性，为确保留言单的传递速度，有些酒店规定问讯员要每隔 1 小时与客人进行电话联系。目的是让客人最迟也可在回酒店 1 小时内得知留言内容，从而确保万无一失。为了对客人负责，问讯员如果不能确认客人是否住在本酒店或虽然住在本酒店但已经结账离店，除非客人事先委托，否则便不能接收对该客人的留言。

2. 住客留言

住客留言是住店客人给来访客人的留言。客人离开客房或酒店时，希望给来访者留言。问讯员应请客人填写“住客留言单”（图 4–21）。若客人来访，问讯员可将留言内容转告来访者。由于住客留言单已经注明了留言内容的有效时间，若错过了有效时间，尤其在受理电话留言时，应注意掌握留言要点，做好记录，并向对方复述一遍。

Message To 留言至：______ Message From 留言人：______
Room No. 房间号码：______ Contact No. 联系方式：______
CONTENT 内容
Date 日期：______ Time 时间：______ Staff 员工：______
Thank you for choosing Vienna Hotel
If we can be of any assistance, please contact the Front Desk by dialing xxxx.
感谢您选择维也纳酒店 XX 店。
如您需要任何帮助，请随时联系前台，分机号码 XXXX。

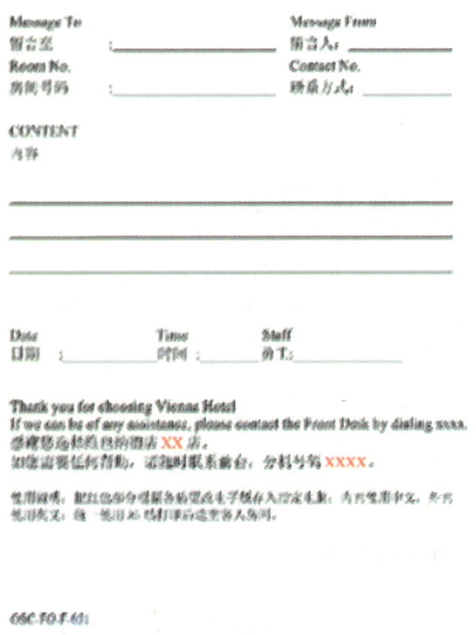

图 4–21　住客留言单

3. 邮件的处理（核实）

前厅问讯处提供的邮政服务有两类：一类是分拣和派送收进的邮包；另一类是代售邮票和为住客寄发邮件。由于问讯处负责分发、保管所有的客房钥匙，所以分拣的邮件、信函可直接转交给客人，以提高此项服务的效率。对于收进的邮包，问讯处首先应将客人的信函、邮件留下，其余均派行李员发送给收件人或另作处理。在处理客人邮件、信函时，问讯员必须耐心、认真，其服务程序如下。

（1）在收进的客人邮件、信函上打上时间，并按其性质分成普通类、挂号类和手送类。挂号类必须在专用的登记表上登记，内容包括日期、时间、房号、姓名、邮件种类、号码、收件人姓名、收件时间、经办人等。

（2）按邮件、信函上收件人姓名查找住店客人的房号，待核实后注明在邮件或信函正面，同处理留言一样在总台钥匙格内留下"留言单"，根据客房是否有钥匙来决定是否需要打开客房留言信号灯。

（3）客人得到信息后前来取件时，问讯员与客人都应在相应的登记表中签字。

（4）待客人取走邮件或信函后，问讯员应立即撤掉原先放入钥匙格内的"留言单"。

（5）若在住客中找不到收件人，问讯员须查阅未来几天的预订单和预订记录簿，查看客人是否即将到店。对于即将到店的客人，则在该邮件（信函）正面注明客人抵店日期，然后妥善存放在专用的信箱内，待客人入住时转交给客人。

（6）若仍查不到收件人，问讯员应核对"离店客人名单"和"邮件转寄单"；如果客人已离店，则应按照客史档案卡上资料信息或转寄要求将邮件、信函转发给客人。

（7）对于挂号类、快递类等，问讯员应尽快转交客人。若找不到收件人，不宜将邮件在酒店里保存过久，可以在四五天后发回原发出单位。

（8）对于错投类邮件、信函，问讯员应在邮件上贴好退批条，说明原因，集中由邮递员取走。若是挂号类或快递类错投，应尽量在接收时确认该邮件收件人是非酒店住客的而拒收。若当时不能决定，则应向邮递员声明并暂时代收，请其在投递记录栏内注明，然后按上述的规定程序处理。

（9）"死信"应由问讯员退回邮局处理或按规定由相关人员用碎纸机销毁。任何人不得私拆"死信"。

（10）对于手送类邮件，问讯员应首先记录在登记本上，包括递信人姓名、地址、送来何物及收件人房号、姓名等都登记在册，在客人来取时请其签字。原则上，问讯员不应转交极其贵重的物品或现金，此类物品最好由送物者本人亲自转交当事人。

考核评价

考核评价见表4-5。

表4-5　留言与邮件的处理考核标准

考核项目	考核内容	评分标准	扣分
留言的处理		一项表述不准确扣10分，共20分	
邮件的处理		一项表述不准确扣8分，共80分	
合计			
教师评语			

考核时间：10分钟，考核总分：100分

知识加油站

问讯岗位工作流程

（1）上班前5分钟到达岗位，并接受仪表、仪容的检查。

（2）与上一班当班人员进行工作交接，对相关问题要当面问清。

（3）在"交班本"上签字并阅读"交班本"。

（4）了解当天酒店内的最新动态与房态，熟悉当天抵店VIP客人的情况。

（5）检查传真等是否移交到相关客人的手中，检查有无留言、留言灯是否还亮。

（6）午间时取出当天的报刊及客人信件，检查完之后交给行李主管处，同时检查传真等。

（7）做好当班的传真营业报表，将客人的信件寄出。

（8）将未办理之事详细交代在册，认真清楚交班给下班当值人员，如当班时有委托代办，须详细记录在专门的本册上，尽量在当班时完成，万一未能完成，则要详细交班给下一班。

（9）将所有留言处理完后，关掉留言灯。

（10）清理杂物，做好柜台卫生，清点办公用品并及时补充。

（11）进行交接班。

项目 3　结账收银服务

任务 1　客账的建立与管理

问题导学

前台接待人员要做好结账收银工作，及时并认真登记客人的消费情况和监督检查客人信用状况等几个环节的工作。那么，有什么简便方法能同时节省酒店和客人的时间呢？

建立清晰的客人账户，有助于酒店监督和管理客人在酒店发生的各种交易，收取应收账款。建立账户是记账、入账的第一步，记录客人在店内消费账目，包含客人姓名、房间号、账单号、消费场所、消费摘要、签字等一般信息（图 4-22）。在与客人交易的过程中，酒店会适时地向客人收账。

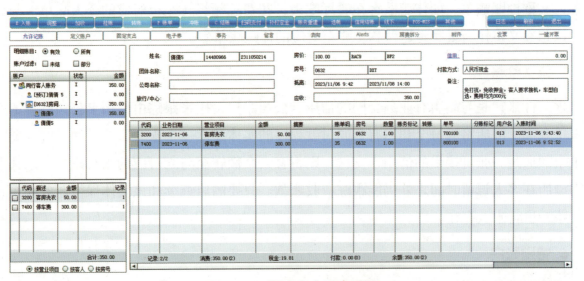

图 4-22　酒店客人账户界面

酒店使用的账户通常有六种。

1. 散客账户

散客账户也称为个人账单、客房账单、宾客账单，是酒店为每名散客设立的账户，其作用是记录散客和酒店之间发生的会计事务。

2. 团队账户

团队账户又称团队账单，是团队使用的账户，包含不转至个人账单的交易记录，一般用于多数团队和会议记账。对于团队住户，一般设置私账账户（也称杂费账户）和公共账户（也称主账户）两个账户。公共账户记录团队中的集体消费项目，由旅行社或接待单位付款；私账账户记录团队中的个人消费由客人个人支付。

3. 非住客账户

非住客账户又称半永久性账户，是指那些不是住店客人但产生店内费用的个人设置的账户，包括健身成员、企事业客户或者当地政要等客人。非住客账户号在设立账户时确定，当收银员向非住客账户收费时，必须要求客人出示账户卡，这样才能确认转账有效。

4. 编制账户

编制账户用于酒店各营业部门跟踪其他账单（个人、团队、非住客或员工账单）的所有事务，又称控账账单。如住店散客在餐厅吃饭，花费总额将转账至对应的个人账单。与此同时，该总额又将作为餐厅延迟付款转账至对应的控账账单。

5. 永久性账户

永久性账户是与酒店有业务合同的信用卡公司账户，用来跟踪由信用卡公司结算的客人的账单余额。酒店将为每个和它有合同付款程序的实体建立一个永久账户。如果客人要求其账单余额通过一张可接受的信用卡支付，则将客人余额转至与之对应的永久账户。永久账户使得酒店在客人逗留时间之外仍能跟踪应收账款。只要酒店继续和该实体保持业务联系，对应的账户也将永久存在。

6. 特别账户

特别账户是为提供一些特别服务而设立的账户。

互动探究

前台接待人员应如何为客人建立账户，应如何维护和管理客账？

建立账户

1. 散客客账的建立

（1）酒店在收到客人预订信息或入住登记时即可建立账单。

（2）客人到达酒店首先在总服务台办理入住登记，形成入住登记记录。

（3）接待员根据客人信息建立账单，注明开房日期、预付款方式、计算机账号、订房数量以及房号，有同行房的还需要注明同行房号，把折扣率、协议价、VIP 卡号码、享受免费的日期、付款方式等注意事项登记在备注栏内。使用信用卡的客人必须压印信用卡号。

（4）确认无误后将账单打印出来，与押金收据、信用卡签购单、支票收据等预付凭证装订在一起。

（5）若有要求不开通 IDD 的、房内不配备酒水或餐厅有签单消费的，需要在账单上和计算机中备注栏注明。

（6）将制作好的账单交由收银员核查，核查无误后放入住店客人资料柜内。

2. 团队账户的建立

（1）签收团队总账单。

（2）检查团队总账单与团队接待单中的团队名称、团队编号、抵离日期、总计房租、付款方式等项目，确保正确、齐全。若不符，应查看是否附有更改通知单。

（3）建立团队客人的分账单，避免与总账单重复记账或漏记账目。

（4）将团队账单按团队编号放入相应的团队账夹内。

管理客账

由于客人在酒店逗留时间较短，发生的费用项目较多，又可能随时离店，故要求转账迅速。各业务部门必须在规定的时间内将客人签字认可后的账单送到总台收银，以防跑账、漏账。

1. 现金结算

（1）外币现金（图 4-23）。住店客人使用的外币必须是在我国银行或指定机构可以兑换的，应根据当天银行汇率折算。

图 4-23　外币现金

（2）旅行支票（图4-24）。酒店前台接待人员应检查旅行支票的真伪。

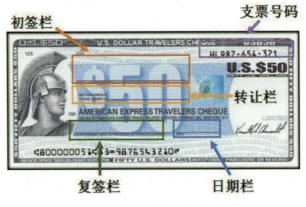

图4-24　旅行支票

（3）支票。再次检查支票的真伪以及支票正面及背面的内容，注意辨别，防止错收已停止使用的旧版支票。

（4）人民币现金。如果客人使用人民币现金付款，收银员一定要学会辨别纸币的真伪。

2. 信用卡结算

收银部门将客人结账的信用卡在信用卡授权终端机进行刷卡，输入入住时取得的授权号码，可直接进行离线交易。要注意核对持卡人签名。

如果客人改变原入住时决定的付款方式，要求使用信用卡支付，应按客人入住时的信用卡验卡程序做好相应的准备工作，然后按信用卡结账的程序处理。

3. 挂账

（1）旅行社挂账。

旅行社给予团队客人和散客两类客人挂账。旅行社凭单由旅行社签发，客人持此单到酒店办理入住手续，届时由接待员收回，将其作为转账凭证。

（2）公司挂账。

收银员根据宾客要求为宾客建立两张账单。住客必须在公司结算的主账单上签字，以示确认，然后再由收银员将主账单和公司预订单订在一起挂账。

考核评价

考核评价见表4-6。

表 4-6　客账的建立考核标准

考核项目	考核内容	评分标准	扣分
散客客账的建立		一项表述不准确扣 10 分，共 60 分	
团队账户的建立		一项表述不准确扣 10 分，共 40 分	
合计			
教师评语			

考核时间：10 分钟，考核总分：100 分

任务 2　外币兑换

问题导学

星级酒店的客人范围很广，包括来自各个国家的旅游者、商务客人、国家政界人物等，酒店在服务过程中不可避免地会收到多个国家的货币或支票。因此，酒店前台服务人员首先应该熟悉各个国家外币现钞、支票和信用卡的外观和特点等。

外币

为方便客人，酒店受中国银行委托，根据国家外汇管理局公布的外汇牌价，代办外币兑换业务。目前，中国银行除收兑外汇现钞外，还可办理旅行支票、信用卡等收兑业务。为了更好地给各国客人提供优质的外币兑换服务，总台收银员应掌握外币兑换的业务知识，接受技术技能的培训，提高自身的业务技能。

目前，国内酒店外币兑换现钞的外币种类主要有美元（图 4-25）、英镑（图 4-26）、日元（图 4-27）、澳大利亚元（图 4-28）、加拿大元（图 4-29）、港元（图 4-30）、新加坡元（图 4-31）、欧元（图 4-32）、澳门元（图 4-33）、新西兰元（图 4-34）、泰国铢（图 4-35）、菲律宾比索（图 4-36）等。

图 4-25　美元

图 4-26　英镑

图 4-27　日元

图 4-28　澳大利亚元

图 4-29　加拿大元

图 4-30　港元

图 4-31　新加坡元

图 4-32　欧元

图 4-33　澳门元

图 4-34　新西兰元

图 4-35   泰国铢

图 4-36   菲律宾比索

旅行支票

旅行支票（图 4-37）是为方便旅行者，由银行或旅行社发行的一种定额支票，也称汇款凭证。旅行者在国外可按规定手续，向发行银行（或旅行社）的国内外分支机构、代理行或规定的兑换点兑取现金或支付费用。

图 4-37   中国银行旅行支票

信用卡

信用卡是由银行或信用卡公司提供的一种供客人赊欠消费的信贷凭证，上面印有持卡者的姓名、号码、初签等。目前，酒店可兑换的信用卡种类有以下几种。

（1）美国运通公司的运通卡（图 4-38）。

图 4-38   美国运通卡

（2）我国香港地区汇丰银行的东美卡（签证卡）和万事达卡（图4-39）。

图4-39　万事达卡

（3）我国香港地区麦加利银行的大来卡。

（4）日本东海银行的百万卡。

（5）日本JCB国际公司与三和银行联合发行的JCB卡。

（6）我国自行发行的信用卡。

任务实施

兑换外币

（1）当客人前来办理外币兑换业务时，收银员首先应询问其所持外币的种类，看是否属于酒店兑换外币的范围。

（2）礼貌地告诉客人当天的汇率及酒店单次兑换限额。

（3）认真清点外币，并检验外币的真伪。

（4）请客人出示护照和房卡，确认客人为酒店的住客。

（5）填制水单（图4-40），包括外币种类、数量、汇率、折算成人民币的金额、客人姓名及房号等。

（6）客人在水单上签名，并核对房卡、护照与水单上的签字是否相符。

（7）清点人民币现金，将护照、现金及水单的第一联交给客人，请客人清点。

图4-40　水单

兑换支票

（1）问清客人的兑换要求。

（2）检查、核对其支票是否属于可兑换范围，有无限制。

（3）与客人核对，清点数额。

（4）请客人出示有效证件，进行复签（应看着客人进行），并检查复签是否与初签相符。

（5）查清当日牌价，填制水单，并扣除贴息，准确换算。

（6）请客人在水单上签名。

（7）检查复核。

（8）核对无误后，将支付款额付给客人。

任务实训

根据实训要求，学生分小组合作，模拟兑换外币服务。

实训时间：每组 30 分钟。

实训要求：（1）符合兑换外币的服务礼节。

（2）符合兑换外币的服务程序。

（3）小组成员团结合作。

考核评价

考核评价见表 4-7。

表 4-7　兑换外币、支票服务考核标准

考核项目	考核内容	评分标准	扣分
兑换外币		一项表述不准确扣 4 分，共 28 分	
兑换支票		一项表述不准确扣 9 分，共 72 分	
合计			
教师评语			

考核时间：10 分钟，考核总分：100 分

任务3　贵重物品寄存服务

问题导学

客人林先生在某五星级酒店办理完入住后，提出要将随身携带的 5 万元现金存入前台客用安全保险柜。作为前台员工，此时你应该如何操作？

贵重物品保险柜（学习情境 1 的项目 2 的任务 2 中已有相关介绍）是酒店免费为住客提供的保管贵重物品的一种专用设备，由一组小保险箱或保险盒组成。一种是设在客房内的小型保险箱，密码由客人自己设定，操作简单，方便实用；另一种是设在总台的客用保险箱，由收银员负责此项服务。前台客用保险箱一般设置在总台收银处后面或旁边单独的一个房间内，每个小保险箱都有两把钥匙，一把由收银员保管，另一把由客人保管，需两把钥匙同时使用才能开启保险箱。

任务实施

客用安全保险柜服务程序

1. 建立保险箱

（1）前台工作人员首先应请客人出示房卡以证明其为住店客人，弄清客人的寄存要求。

（2）请客人填写贵重物品寄存单（图 4-41），并向客人介绍其注意事项（遗失钥匙的处理，启用时须出示该箱钥匙和寄存单等）。

Service Hour 07：30—23：00 Safety Deposit Box Service			箱号 Box No.
房号 RM No.	姓名 Name	签名式样 Specimen Signature	
			日期 Date
签名 Counter	日期 Date	签名 Counter	日期 Date
请阅读背面说明。Please see conditions on reverse.			

（a）

1. 遗失此钥匙，必须更换新锁者，须赔偿价款的半数金额。

If this Key is lost，we will only replace a new key but a new lock，you will be charged half the lost.Please take good care of the key.

2. 如退房离店时未能将此钥匙交给前台收款处，酒店有权自行开启并移除保存物品，不负任何责任。

The hotel management reserves the right to open the box and remove contents，without liability，if key is not surrended when guest departs from hotel.

3. 我认可已取走的所有存放物品，以后与酒店无关。

I hereby acknowledge that all property stored in the safe box has been safely withdrawn therefrom，and liability of said Hotel therefore is released.

住客签名　Guest signature_____

房号　Room No._____　　日期 Date_____

（b）

图 4-41　贵重物品寄存单

（a）正面；（b）背面

（3）检查客人填写的寄存单是否正确，有无遗漏。

（4）根据客人需求选择相应规格的保险箱，并登记箱号、开启时间、客人房号。

2. 存入物品

（1）前台工作人员使用总钥匙及该箱钥匙打开保险柜，取出保险箱，打开箱门，由客人亲自将寄存的物品存入保险箱。

（2）将保险箱、寄存单第一联放入保险柜内，确认是否已经锁好。将该箱钥匙和寄存单第二联呈交给客人，总钥匙则留前台结账处保管。

（3）填写客用安全保险柜使用登记簿，以备查。

3. 取出物品

（1）客人使用保险箱期间开箱时应携带钥匙和寄存单第二联，前台工作人员核对无误后，请客人登记领取时间、日期并签名，表明已开启、开启过几次。

（2）将保险箱从保险柜内取出，让客人亲自开锁取出物品。

4. 取消保险箱

（1）客人终止存放时，前台结账处员工应收回该箱钥匙和寄存单，检查客人物品是否全部取走，并请客人在终止栏内注明终止日期、姓名，以免出现麻烦。

（2）在客用安全保险柜使用登记簿上，进行终止记录（日期、经办人等）。

任务实训

根据实训要求，学生分小组合作，模拟贵重物品寄存服务。

实训时间：每组 30 分钟。

实训要求：（1）符合酒店礼仪服务礼节。

（2）符合贵重物品寄存的服务程序。

（3）小组成员团结合作。

考核评价

考核评价见表 4-8。

表 4-8　贵重物品寄存服务考核标准

考核项目	考核内容	评分标准	扣分
建立保险箱		一项表述不准确扣 10 分，共 40 分	
存入物品		一项表述不准确扣 10 分，共 20 分	
取出物品		一项表述不准确扣 10 分，共 30 分	
取消保险箱		一项表述不准确扣 5 分，共 10 分	
合计			
教师评语			

考核时间：30 分钟，考核总分：100 分

任务 4　总台账务处理与结账服务

问题导学

　　总台的工作在酒店系统的运营中占有重要地位，不仅需要接待客人，还要进行繁忙的账务处理工作。客人离店结账服务是酒店提供给本次入店客人的最后一项服务，而良好的结账服务不仅能给客人留下深刻的最后印象，也为客人的下次入住奠定基础。那前台的结账工作是如何操作的呢？

总台账务处理方法

总台账务处理是总台收银处的一项日常业务工作，必须按照完善的制度进行账务处理，并依靠各业务部门的配合和财务部的审核监督。总台账务处理的方法和要求是：

1. 账户清楚

总台给每位登记入住的客人设立一个账户，用以记录该客人在住店期间的房租及其他各项花费（已用现金结算的费用除外）。它既是客人离店结账的依据，又是编制各类营业报表的数据来源之一。通常，酒店为团队客人设置团队账户，为散客设立个人账户。若团队客人中有不愿受综合服务费标准的限制而有其他消费，则应另立个人账户。户头应清楚、明确，姓名、房号必须与住宿登记表内容一致。账户应分类归档，取用方便。

2. 记账准确

为客人建立账户后，即开始记录客人住店期间的一切费用。例如，包括餐饮、长途电话、洗衣、美容美发等各项费用，除客人在消费时用现金结算外，均可由客人签字后由各有关部门将消费记录转入总台，计入客人的账户。客人的房租采取按日累计的方法每天结算。客人离店加上当日应付房租，即为客人应付的全部房租。因此，要求记账准确，客人姓名、房号、消费时间、费用项目和金额等应清楚，并和客人账户记录保持一致。

3. 转账迅速

由于客人在酒店逗留时间较短，而产生的费用项目多，又可能随时离店，故要求转账迅速。各业务部门必须在规定时间内将客人签字认可后的账单送到总台收银处，以防跑账、漏账。若采用计算机收银系统，客人在店内产生了任何消费，只要收银员将账单转入收银机，计算机便可同步记下客人当时的转账款项，大幅提高了工作效率。

活学活用

某位以全价（门市价）入住酒店的客人在住满四天办理退房结账手续时声称酒店的房费太贵，客房内设施设备他均不喜欢，并要求按房费的七折收费。

办理退房结账手续是客人离店前接受的最后一项服务，前台收银处应给客人留下良好的最后印象。如果你是总台收银员，应如何处理此类问题？

任务实施

散客结账服务

散客结账服务　情景英语——结账离店

结账一般要求在 3 分钟之内完成。

（1）礼貌地询问客人房号，请客人出示房卡与押金单。查看计算机，并打印出账单。

（2）通知楼层服务员客人结账退房，请迅速检查并清扫客房。

（3）将宾客账单和登记单迅速与计算机中的消费明细核对，委婉地问明客人是否有刚发生的如电话费、房内小酒吧饮料费、早餐费等消费费用，以免漏账。

（4）向客人出示账单，请其审核、确认并签字，按照已约定的付款方式向客人收取费用或转入财务部应收账款。根据客人要求开具相应发票。

（5）在客人结清账款后，在其账单上打印"PAID"的印迹（图 4-42），使账单的挂账数为零，然后将一联交给客人作收据，将另一联转送会计组，将金额填入现金收入日报。

图 4-42　印有 PAID 的账单

（6）感谢客人，并祝其旅途愉快，欢迎再次光临。

（7）在入住登记单的背面盖上结账日期，将账单、押金单及发票底联移交总台。在计算机上做相应处理，将该住客房转换为走客房。

团队客人结账服务

（1）将结账退房的团队名称、团号通知客房中心，以便检查客房酒水的使用情况。

（2）查看团队接待单上的付款方式以及是否有特殊要求，做到总账户、分账户分开。

（3）打印团队账单，并请该团陪同在团队总账单上签字，然后注明其所代表的旅行社，以便后期与旅行社结算。

（4）为有分账户的客人打印账单、收银。

（5）与客人道别。

任务实训

根据实训要求，学生分小组合作，模拟散客结账服务。

实训时间：每组 10 分钟。

实训要求：（1）符合酒店礼仪服务礼节。

（2）结账流程科学完整。

（3）小组成员团结合作。

考核评价

考核评价见表 4-9。

表 4-9 总台账务处理与结账服务考核标准

考核项目	考核内容	评分标准	扣分
总台账务处理方法		一项表述不准确扣 4 分，共 12 分	
散客结账服务		一项表述不准确扣 9 分，共 63 分	
团队客人结账服务		一项表述不准确扣 5 分，共 25 分	
合计			
教师评语			

考核时间：10 分钟，考核总分：100 分

项目4 其他服务

处理入住期间的常见问题

问题导学

超额预订会给该客房的原住客和新来的客人带来不悦，造成较大的负面影响，不利于酒店的形象建设。酒店应该如何处理这种问题？在日常营业过程中，酒店还会遇到客人提出的哪些要求？

离店日期变更

客人在住店过程中，因情况变化，可能会要求提前离店或推迟离店。

（1）客人提前离店，应通知客房预订处修改预订记录，并将此信息通知客房部，尽快清理客房。

（2）客人推迟离店，要问清客人的姓名、房号、续住时间，与客房预订处联系，查看当日和近期的客房预订情况，核实客人续住是否会导致超额预订。

① 若可以，开出"推迟离店通知单（表4-10）"，通知结账处与客房部。

② 若用房紧张，无法满足客人逾期离店的要求，应耐心地向客人解释并主动为客人联系其他住处。

③ 若在旺季或开房率高峰期，接待员要提前一天用电话与计划离店的住客联系，注意询问的方式。

表4-10 推迟离店通知单

推迟离店通知单（Extention of Stay）
姓名（Name）_____
房间（Room）_____
可停留至（It allowed to stay until）_____AM_____PM
日期（Date）_____
前厅部经理签字（Front Office Manager Signed）_____

换房

客人办理入住登记手续入住后，可能会出现对客房的位置、朝向、大小、设备使用情况等方面不满意的情况，向总台提出换房要求，此时酒店应尽量满足客人的要求。

酒店有时也会由于自身的原因要求客人换房。如客房设备损坏，维修需要较长时间时，酒店会主动为客人换房；住客超过原计划住店天数续住，而当事先预订该房的其他客人快要入住时，酒店也有可能要求原住客换房。

了解换房原因后，接待员应查看房态，确认是否有和客人原住房档次相同的客房。如果换房后房间档次提高了，且是客人原因要求换房的，则要加收房费；如果档次相同，就不需要另收费用，但要向客人表示歉意。

延时退房

一般酒店的退房时间为 12：00，如果客人需要延时离店，须向客人说明在 18：00 之前退房会加收半天费用，超过 18：00 则加收一天房费。如遇特殊情况，工作人员需要请示部门经理，并将情况记录在账单的备注栏内。

卖重房

简单地说，卖重房就是把同一房间重复出售给不同的客人。卖重房的原因包括以下几点。

（1）由于工作疏忽，接待处将客房已售出，未能及时更改房态，导致该房间重新销售。

（2）接待处与客房部未保持及时的信息沟通而无法掌握最新的楼层实际房态，导致卖重房。

为了有效预防此类状况出现，行李员带新入住的客人进房前应先敲门，如果发现客房内有住客，应马上向双方客人致歉，请新入住客人在楼层稍候，电话报告接待处。接待处核实情况后，马上找一间相近楼层的同类型住房，制作新的房卡，安排另一名行李员送上楼层，并收回原来的房卡。

加床

一个标准间正常情况下只能住两个成年人，如果要住三名成年人，则应加床。客人加床大致分为两种情况：一是客人在办理登记手续时要求加床，二是客人在住宿期间要求加床。酒店要按规定为加床客人办理入住登记手续，并为其签发房卡，房卡中的房费为加床费，加床费将转至住客付款账单上。如果客人在住宿期间要求加床，那么第三名客人在办理入住登记手续时，需由支付房费的客人签名确认。

客人离店时，带走客房用品

有些客人可能随身带走浴巾、茶杯、电视机遥控器、书籍等不允许带走的客房用品。此时，接待员应巧妙地请客人提供线索帮助查找，以寻找台阶，给客人面子。若客人仍不承认，则要耐心解释，不可草率要求客人打开行李箱检查，以免客人感到尴尬下不了台，或伤了客人自尊心。

活学活用

一个三口之家被某酒店接待员安排在 1102 房间，但入住酒店后，他们发现房间都是烟味，还没有窗户，里面的气味难闻。客人提出更换一间无烟房的要求。如果你是总台接待员，该如何处理这件事？

任务实施

换房服务

（1）弄清客人换房的原因。

（2）介绍准备调换的客房情况，并确定换房的具体时间。

（3）填写"换房通知单"（表4-11），送往相关部门，经签字确认换房信息已经收到。

表 4-11　换房通知单

Room Change Slip

Name_____

	From（由）	To（到）
房号（Room No.）		
房费（Room Rate）		
日期（Date）		
备注（Remarks）		

（4）更改、修订其计算机中的原有资料，更新客人的入住登记记录。

（5）若不能马上满足客人的换房要求，则应向客人说明，请其谅解，并做好记录。

（6）若出现超额预订或设施故障等过错，容易使客人出现抱怨等不良情绪，此时要向客人表示歉意，耐心做好解释工作，并请求客人的原谅。必要时，可为客人办理手续，让其升级入住较高规格的客房。

任务实训

根据实训要求，学生分小组合作，模拟训练宾客的换房工作。

实训时间：每组 15 分钟。

实训要求：（1）符合酒店礼仪服务礼节。

　　　　　（2）操作顺序完整。

　　　　　（3）小组成员团结合作。

考核评价

考核评价见表 4-12。

表 4-12　处理入住期间的常见问题考核标准

考核项目	考核内容	评分标准	扣分
离店日期变更		一项表述不准确扣 20 分，共 40 分	
换房		表述不准确扣 20 分	
延时退房		表述不准确扣 10 分	
卖重房		一项表述不准确扣 10 分，共 30 分	
合计			
教师评语			

考核时间：10 分钟，考核总分：100 分

知识加油站

客人结账过程中的特殊情况处理

1.未结账

对于普通客人，一般予以婉拒；对于熟客、常客或协议客人，则可由上级领导签字后同意。

建议客人将行李放于行李寄存处，待回店后再取出。若客人不同意，则应累计消费账目（房费仍属于客人消费项目）。

2.结账时要求优惠处理

如果符合优惠条件，收银员要填写"退账通知书"（一式两联，分交财务和收银处），然后由前厅部经理签名认可并注明原因，最后在计算机中做退账处理。

如果有客人取消优惠的特殊情况，这时要尊重客人的意见，尽量满足客人的要求。

一般情况下，遇到持有酒店VIP卡的客人在结账时才出示并要求按VIP折扣结账，工作人员应向客人解释酒店规定VIP卡在入住登记时出示才有效，否则不能按优惠折扣结账；如客人坚持按优惠折扣处理，可报大堂副理或部门经理审批，由其决定是否做退账处理。

学习情境小结

通过学习入住登记服务、问讯服务、结账收银服务，以及换房、延时退房等服务，学生掌握了本项目介绍的基本的服务内容与服务程序。在服务过程中，酒店工作人员要热情细心，服务周到，遇到问题应灵活处理，只有这样，才能给客人留下美好的印象。

学习考评

一、知识测评

确定本任务关键词，按重要程度排序并举例解读，根据自己对重要知识的捕捉、排序、表达、创新和划分权重能力进行自评，见表 4-13（满分 100 分）。

表 4-13　知识测评表

序号	关键词	举例解读	评分自定
1			
2			
3			
4			
总分			

二、能力测评

对表 4-14 所列作业内容、操作规范等打分，操作错误或未操作即 0 分（满分 100 分）。

表 4-14　能力测评表

序号	能力点	配分	评分自定
1	能熟练地为不同类型的客人提供入住登记服务	20	
2	掌握问讯服务的内容与要求	25	
3	能熟练地为客人提供结账收银服务及贵重物品保管服务	30	
4	能正确处理总台接待客人时出现的其他问题	25	
总分		100	

三、素质测评

对表 4-15 所列素养点打分，做到即得分，未做到即 0 分（满分 100 分）。

表 4-15　素质测评表

序号	素养点	配分	评分自定
1	树立爱岗敬业精神	25	
2	树立精益求精的大国工匠精神	25	
3	提高自身道德修养	25	
4	提高自身的职业操守	25	
总分		100	

思考与练习

一、填空题

1. 前厅部对客服务全过程中的关键阶段是 _____。

2. 团队客人（团队或会议客人）排房采取 _____ 的原则，尽量将其安排在同一楼层或相近的楼层，便于联系和管理同一团队客人。

3. 问讯员打开被访者客房的留言灯，将访客填写好的留言单第一联 _____，第二联送电话总机组，第三联 _____。

4. _____ 是酒店为每一位散客设立的账户，其作用是记录散客和酒店之间发生的会计事务。

二、判断题（正确的打"√"，错误的打"×"）

1. 正确的排房顺序是团队客人—VIP客人和常客—要求延期离店的客人—无预订的散客。（   ）

2. 酒店内部的情况包括餐厅所在位置、营业时间及促销内容，宴会、会议、展览会举办场所及时间，酒店所在地的娱乐场所等。（   ）

3. 记账准确是客人离店结账的依据和编制各类营业报表的数据来源之一。（   ）

三、简答题

1. 问讯服务的礼仪有哪些？
2. 简要分析现金结算的几种结算方式。
3. 简述兑换外币现钞的程序。

四、案例分析题

酒店的客房用品被客人随身带走偶尔发生。当可以确定住客刘先生拿走了客房内比较精致的烟灰缸，而该客人正在前台办理结账手续时，你有什么办法既能让客人退还酒店的烟灰缸，使酒店不受损失，又不至于让客人由于难堪而投诉？

学习情境 5 　总机与商务中心服务

情境描述

　　某日清晨，某酒店 1213 房间的范先生被一阵电话铃声吵醒，拿起电话，话筒里传来了总机服务员甜美的声音："范先生早上好，昨晚下了一夜的雨，早上天气较凉，请您多穿点衣服，祝您旅途愉快！"听到总机服务员的特别关照，范先生十分感动，就说："谢谢你的关心。"原来，昨天范先生要求饭店总机服务员提供叫醒服务，他一早要乘坐飞机回上海。范先生离店时，向大堂副理表达了对酒店服务的赞赏，并表示下一次来时一定还住这里。除此之外，范先生在住店期间，需要向客户传真重要文件，他来到商务中心，请服务员为其发送传真文件，服务员也为他提供了热情的服务。

学习目标

　　（1）掌握总机服务的基本要求。

　　（2）掌握转接电话、挂拨长途电话、叫醒服务等的程序。

　　（3）掌握商务中心的服务范围。

　　（4）会提供复印、打印、收发传真、票务服务。

项目1　总机服务

任务1　总机房的设备与环境

问题导学

总机房有哪些设备？环境是怎样的？

酒店电话总机不仅是酒店内外沟通联络的通信枢纽，而且是酒店对外联系的窗口，代表着酒店的形象，同时体现着酒店服务的水准。它是以电话为媒介，直接为客人提供各项服务，包括转接电话，挂拨国际或国内长途，提供叫醒、查询、IDD等。

总机房的设备

1. 电话交换机

电话交换机（图5-1）的种类和型号繁多。

图5-1　电话交换机

电话交换机的一般功能有以下几点。

（1）自动振铃，并显示其日期、时间。

（2）自动显示通话号码、通话线路、所处状态，自动定时回叫等候电话。

（3）同时接通多路分机。

（4）阻止分机间直接通话。

（5）封闭、开启某分机线路。

（6）自动显示分机当时所处状态（内线、外线）。

（7）请勿打扰功能（阻止外线电话进入某分机）等。

2. 话务台

为了避免话务员之间的相互影响，通常将话务员工作的台面用隔板隔开，即话务台（图5-2）。为使话务员能始终注意到自己的言谈举止和确保对客服务的质量，部分酒店会在每张话务台前设置玻璃镜。

图 5-2　话务台

3. 其他设备

总机房的其他设备还包括自动打印机（图5-3）、传呼器发射台（图5-4）、计算机、定时钟和记事牌等。

图 5-3　自动打印机

图 5-4　传呼器发射台

总机房的环境

总机房的环境对话务员对客服务的效率和质量产生直接影响。一般情况下，总机房的环境要求如下。

1. 安静、保密

首先，总机房环境应较为安静。未经许可，任何人不得擅入。

2. 方便与总台联系

在提供对客服务的整个过程中，总机与总台有着极其密切的联系。因此，总机房应尽量靠近总台，或应具备必要的计算机终端等通信联络设备。有些小型酒店会将总机安装在总台，直接由接待员兼管。

3. 清洁、整齐

杂乱的环境会给话务员带来慌乱和不耐烦的心理影响，从而影响其对客服务的精神状态。因此，在总机房内，各种办公用品要明确定位，各类表格应归类存放。

4. 优雅、舒适

总机房应配有空调设备，且有充足的新鲜空气，整个环境也应赏心悦目，如张贴装饰画、放置鲜花盆景等。话务员的座椅应舒适、轻松。整洁、舒适的环境会为话务员对客服务创造一个良好的客观条件。

考核评价

考核评价见表5-1。

表5-1　总机房的设备与环境考核标准

考核项目	考核内容	评分标准	扣分
电话交换机的一般功能		一项表述不准确扣5分，共35分	
话务台		表述不准确扣25分	
总机房的环境		一项表述不准确扣10分，共40分	
合计			
教师评语			

考核时间：20分钟，考核总分：100分

任务 2　总机服务的基本要求

问题导学

"您好，×× 酒店为您服务，请问有什么需要？"——总机服务是酒店对客服务中的重要组成部分。每位话务员都是酒店的幕后服务大使，他们的声音代表着"酒店的形象"。那么，话务员需要具备什么样的素质呢？

对话务员的素质要求

（1）修养良好，责任感强。

（2）口齿清晰，音质甜美，语速适中。

（3）听写迅速，反应敏捷。

（4）专注认真，记忆力强。

（5）较强的外语听说能力。

（6）熟悉电话业务。

（7）熟练的计算机操作，较好的打字技术。

（8）较强的信息沟通能力。

（9）了解酒店服务、旅游景点和娱乐设施等相关知识与信息。

总机服务基本要求

（1）礼貌规范用语常不离口，服务时坐姿端正，不得出现随意言行。

（2）电话铃响，要立即接听，高效率地转接电话。

①当客人指明要找某人听电话时，应主动协助其寻找受话人，而不应简单地接通某分机。

②需客人等候时，应在接通期间不断地将进展情况告诉客人，而不是只播放等待音乐；待线路接通后，要先通知客人，再接通电话。

③若接通某分机有困难，可以询问客人是否同意转接到其他分机或请其他人接听电话，绝不可擅自将电话转接到其他分机。

④应答外部来电时，应主动报出酒店名称，并热情地问候客人："您好，×× 酒店。"

⑤应答内部来电时，应主动报本岗位名称，并热情地问候客人："您好，总机。"另外，要视酒店客人构成来决定先说中文还是先说英文。如果酒店的接待对象以内宾为主，则先用中文，后说英文；如果酒店的接待对象以外宾为主，则先说英文，后说中文。

（3）对于客人的留言，应做好记录，且保证内容准确。复述时，应注意核对数字类信息。

（4）给客人提出建议时，应使用婉转的话语，绝不可使用命令式语句。

（5）对方讲话不清时，应保持耐心，用提示法来委婉地弄清问题。切不可急躁地追问或嘲笑、模仿。

（6）当接到拨错号或故意烦扰的电话时，也需以礼相待。

（7）需要能够辨别酒店主要管理人员的声音。

（8）结束通话时，需主动向对方致谢，且要在对方挂断电话后再切断线路。切忌因自己的情绪影响服务态度与质量。

考核评价

考核评价见表5-2。

表5-2　总机服务的基本要求考核标准

考核项目	考核内容	评分标准	扣分
对话务员的素质要求		一项表述不准确扣4分，共36分	
总机服务基本要求		一项表述不准确扣8分，共64分	
合计			
教师评语			

考核时间：20分钟，考核总分：100分

任务3　总机服务项目及其工作标准

问题导学

商务中心总机服务处有哪些工作内容？

转接电话留言服务

（1）首先，认真聆听完客人讲话后再转接电话，并说："请稍等。"当客人需要其他咨询、留言等服务时，应对客人说："请稍等，我帮您接通 ×× 部门。"

（2）在客人等候转接期间，要按音乐键，播放轻柔悦耳的音乐。

（3）转接后，若响铃30秒对方仍无人接听电话，应对客人说："对不起，电话无人接听，您是否需要留言或过会儿再打过来？"需要给酒店住客留言的电话，全部转接到前厅问讯处；需要给酒店管理人员留言（非工作时间或管理人员办公室无人时）的电话，接受下来并重复确认，然后通过寻呼或其他有效方式尽快将留言转达给相关部门。

为了高效地转接电话，更好地提供对客服务，话务员需要熟悉本酒店的组织机构、各部门职责及其服务项目；同时，还要掌握最新的、正确的住客资料。

查询服务

（1）对常用电话号码，应能对答如流，查询时更要准确迅速。

（2）需要查询非常用电话号码时，话务员应请客人保持线路并稍等，然后以最有效的方式为客人查询号码，确认后及时告知客人。查询需要较长时间时，则可以请客人留下电话号码，待查清后，再主动与客人联系。

（3）当需查询住客房号的电话，而总台电话均占线时，话务员应通过计算机为客人查询。此时，应注意为住客保密，不能泄露其房号，接通后让客人直接与其通话。

"免电话打扰"服务

（1）将所有需要提供"免电话打扰"服务的客人姓名、房号、具体服务时间等信息都记录在交接班本上或注明在记事牌上，并写明接到客人通知的时间。

（2）将"免打扰"房间的电话号码通过话务台锁上，并将此信息准确无误地通知所有其他当班人员。

（3）"免打扰"期间，如有发话人要求与客人讲话的情况，话务员应礼貌、准确地将有关信息告知发话人，并建议其留言或待取消"免打扰"之后再来电话。

（4）客人要求取消"免打扰"后，话务员应立即通过话务台释放被锁电话号码，然后在交接班本上或记事牌上标明取消记号和取消时间。

拨挂长话服务

为方便客人，酒店在房间床头柜上放置了电话服务指南和常用电话号码卡片，供客人查阅使用。客人在房间内直拨长话，计算机会自动计时计费，这大大减轻了话务员的工作量。

另外，话务员还应注意，无论是为抵店入住的客人开通电话，还是为退房结账的客房关闭电话，都应及时且准确无误。当团队或会议客人需自理电话费用时，应将其记入相应的账单。

充当酒店临时指挥中心

当酒店出现紧急情况时（如发生火灾、虫灾、水灾、伤亡事故、恶性刑事案件等），总机房便成为酒店管理人员迅速控制局势，采取有效措施的临时指挥中心。话务员应按指令执行任务，做到以下几点。

（1）保持冷静，不惊慌。

（2）立即向报告者问清事情发生的地点、时间，报告者的身份、姓名，迅速做好记录。

（3）即刻使用电话通报酒店有关领导（总经理、驻店经理等）和部门，并根据指令，迅速与市内有关部门（如消防、安全、公安等）紧急联系。随后，话务员应相互通报、传递所发生情况。

（4）坚守岗位，继续接听电话，并安抚客人，稳定他们的情绪。

（5）详细记录紧急情况发生时的电话处理细节，以备事后检查，并加以归类存档。总之，总机房所提供的服务项目视酒店而异。有些酒店的总机房还负责背景音乐、闭路电视、收费电影的播放，监视火警报警装置和电梯等的运行状态。

任务实施

提供叫醒服务

总机提供的叫醒服务是 24 小时的，又可细分为人工叫醒和自动叫醒两类，其服务程序分别如下。

1. 人工叫醒服务

（1）受理客人的叫醒预订。

（2）问清客人的房号和需要叫醒的具体时间。

（3）在"叫醒记录单"上填写房号、时间等，并签名。

（4）在定时钟上定时，并确保准确无误。

（5）定时钟响起，话务员接通相应客房分机，叫醒客人。

（6）核对叫醒记录，以免出现差错。

（7）若客房内无人应答，5 分钟后再叫一次；若仍无人应答，应立即通知大堂副理或楼层服务员前往该客房查明原因。

2. 自动叫醒服务（图 5-5）

（1）受理客人的叫醒预订（有的酒店客人可直接在客房内的电话机上，根据服务指南上的提示进行操作，自己确定叫醒时间）。

（2）问清叫醒的具体时间和房号。

（3）填写"叫醒记录单"，清楚记录叫醒日期、房号、时间、记录时间、话务员签名。

（4）及时将叫醒要求输入计算机，并检查屏幕及打印机上的记录是否准确。

（5）夜班话务员应将叫醒记录按时间顺序整理记录在交接班本上，整理、输入、核对并签字。

（6）在当日最早叫醒时间之前，应先检查叫醒机是否正常工作，打印机是否正常打印。若发现问题，应及时通知工程部。

（7）检查核对打印报告。

（8）注意查看叫醒无人应答的房间号码，及时通知客服中心或大堂副理，进行敲门叫醒，并在交接班本上做记录。

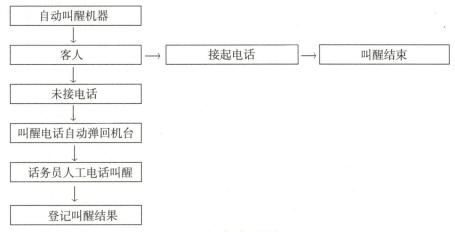

图 5-5　自动叫醒服务流程

📚 任务实训

根据实训要求，学生分小组合作，交互进行人工叫醒服务和自动叫醒服务的情景演练。

实训时间：每组 20 分钟。

实训要求：（1）服务时耐心细致、口齿清晰、态度热情。

　　　　　（2）言语规范得体，体现专业素养。

　　　　　（3）叫醒服务操作程序正确完整。

考核评价

考核评价见表5-3。

表5-3 人工叫醒服务和自动叫醒服务考核标准

考核项目	考核内容	评分标准	扣分
人工叫醒服务		一项表述不准确扣4分，共28分	
自动叫醒服务		一项表述不准确扣9分，共72分	
合计			
教师评语			

考核时间：20分钟，考核总分：100分

项目2　商务中心

商务中心服务

办公服务

问题导学

客人住店时，商务中心能提供哪些常规性的服务？有哪些服务程序呢？

为满足客人的需要，现代酒店，尤其是商务型酒店通常设有商务中心，为客人提供复印、传真、文字处理、翻译、文件抄写核对、会议记录、代办邮件和秘书工作等服务。商务中心一般设在酒店大堂附近的公共区域，一则方便客人，二则便于与总台联系。若商务中心本身配备大小不等的会议室，则往往单独设在酒店某一楼层上。为便于客人单独使用商务中心从事各类商务活动，商务中心应具有安静、隔声、舒适、整洁的特点，其中的环境布置应令人赏心悦目，以提高工作效率。

商务中心文员的素质要求

（1）修养良好，热情礼貌，责任心强。

（2）机智灵活，能有效地与客人沟通。

（3）熟悉工作业务及其程序，掌握工作技巧和服务技能。

（4）知识面广，英语听、说、读、写均熟练。

（5）具有熟练的计算机操作技术。

（6）熟知酒店设施、服务项目和各类促销营业推广信息。

（7）掌握旅游景点及娱乐设施等方面的知识和信息。

（8）作为票务员，还应熟知各类票价、邮政须知和收费标准，以及国内外主要报纸、杂志的类型和收费标准。

任务实施

复印服务

（1）主动问候客人，介绍收费标准。

（2）接过客人的复印原件，根据客人要求，选择纸张规格、复印张数以及颜色深浅程度。

（3）将复印原件在复印平面上定好位置，检查送纸箱纸张，按动复印键。

（4）需放大或缩小的复印，按比例调整尺寸，检查第一张复印效果，若无问题，则可连续复印。

（5）复印完毕，取原件交给客人，如原件为若干张，则应注意按顺序将其整理好。

（6）问明是否要装订文件，如果需要，帮客人装订。

（7）根据复印张数和规格，开立账单。账单通常一式三联，将第二、第三联撕下，第二联交总台收银处，第三联呈交给客人。如客人不要，则立即用碎纸机销毁。

（8）若客人要挂账，应请客人出示房卡并签字。

（9）若客人要开发票，填写电子版发票开票信息，确认申请，提交获取。

（10）将账单号码、房号、金额、付款方式分别登记在计算机"商务中心日复印、打印记录表"上。

打印服务

（1）主动问候客人，介绍收费标准。

（2）接过客人的原稿文件，了解客人的打印需求以及特殊格式的安排。浏览原稿，检查是否存在不清楚的字符。

（3）告知客人大概完成时间。

（4）文件打出后，应请客人校对。

（5）修改后，再校对一遍。

（6）将打印好的文件交给客人，根据打字张数，为客人开单收费。请客人签字后，将账单转至总台收银处。

（7）询问客人是否存盘及保留时间。若不需要保留，则删除该文件。

（8）登记在计算机"复印、打印记录表"上，如图5-6所示。

复印、打印记录表					
时间	姓名	电话	打印类型	份数	值班人

图 5-6　复印、打印记录表

传真服务

1. 接收传真

（1）认真阅读来件信息，与前厅问讯处确认收件人姓名及房号，并将接收"OK"报告单与来件存放在一起。

（2）填写"商务中心每日传真来件报表"。

（3）打电话通知客人有传真来件。如客人在客房，应告诉客人行李员将来件送到房间，然后开出账单交总台收银处；若客人不在房间，则进行留言服务。

（4）应在留言单右上角注明客人离店日期、时间，以便在客人离店前将传真送给客人。

（5）疑难来件应及时请示大堂副理，妥善处理查无此人的来件。传真来件按酒店规定收费。

2. 发送传真

（1）主动问候客人，问明传真发往的地区。

（2）查看客人提供的地区号码，并进行校对。

（3）输入传真号码后，先与稿件上号码核对，确认无误后，再按发送键。如发送接通后，对方为通话状态，需要拿起电话告诉对方接通传真机。事先应向客人讲明，传真发送需收费，按时间（或页数）计算。

（4）事先向客人讲明收费标准。

（5）传真发出后，应将"OK"报告单连同原件一起交给客人。

（6）按酒店规定计算传真费。

（7）请客人付款或签单，账单上注明传真号码和发送传真所用时间。

（8）将账单送至总台收银处。

（9）若非住店客人，则应请其支付全款。

（10）填写"商务中心每日发送传真报表"，如图5-7所示。

商务中心每日发送传真报表					
时间	姓名	发送内容	发送对象	备注	值班人

图5-7　商务中心每日发送传真报表

受理票务服务

（1）主动问候客人。

（2）了解客人订票需求。礼貌询问客人的订票需求细节，包括航班、线路、日期、车次、座位选择及其他特殊要求等。

（3）通过电脑进行票源情况快捷查询。如遇客人期望的航班、车次已无票源时，应向客人致歉，并做委婉解释。同时，应主动征询客人意见，是否延期或更改航班、车次等。

1. 办理订票手续

此时，票务员应注意下列服务细节。

（1）双手持订票登记单上端和笔下端呈递给客人。

（2）请客人填写登记单。若客人的填写有不清楚之处，应立即请客人解释并予以帮助。

（3）当客人递回已填写好的登记单时，应向客人致谢。

（4）迅速、仔细检查登记单上的全部项目，礼貌地请客人出示有效证件和相关证明，并注意与登记单内容进行核对。

（5）礼貌地交还客人出示的所有证件，并向客人致谢。

2. 出票与确认

此时，票务员应注意下列细节。

（1）礼貌地请客人支付所需费用，并仔细清点核收。

（2）认真填写好机票（或车票），并及时将订位信息输入计算机。

（3）仔细检查填写的机票（或车票），连同票据、零钱等装袋呈交给客人。

（4）请客人仔细检查确认，并提醒客人飞机起飞时间、乘车地点、发车时间及其他注意事项等。

3. 送别客人

向客人致谢，目送客人离去。

任务实训

根据实训要求，学生分小组合作，演练客人要求服务员为其复印一份文件的情景。

实训时间：每组 10 分钟。

实训要求：（1）服务语言准确、精炼，举止礼貌。

　　　　　（2）按复印程序来处理业务。

　　　　　（3）表情亲切，体态优雅。

考核评价

考核评价见表 5-4。

表 5-4　商务中心服务考核标准

考核项目	考核内容	评分标准	扣分
复印服务		一项表述不准确扣 3 分，共 30 分	
打印服务		一项表述不准确扣 5 分，共 40 分	

续表

考核项目	考核内容	评分标准	扣分
传真服务		一项表述不准确扣3分，共30分	
合计			
教师评语			

考核时间：10分钟，考核总分：100分

知识加油站

会议室出租服务

高星级酒店，为了方便客人一般设有供客人临时使用的会议室，方便客人洽谈业务或开会使用。一般服务程序如下。

（1）准备齐全的商务检索资料，供客人检索。

（2）客人要租用会议室，应请客人填写一式三份的使用登记表，请客人签名并填写房号，第一联先给总台再转回商务中心存档，第二联交收款处，第三联交客房中心或楼层服务台。

（3）在会议开始1小时前应检查会议室卫生，如不合格应立即通知客房中心或公共区域组清扫，保证客人有干净、舒适的会议场所。

（4）按照客人要求布置会议场所并提供会议中的服务（如准备纸、笔，送茶水等）。

（5）会议结束后应立即通知客房中心打扫，为下次出租做好准备。

（6）按酒店规定的收费标准向客人收取现金或请客人签单，或按其他方式向客人收取费用。

学习情境小结

商务中心是酒店中一个正在"退化"的部门，长途电话服务、打字、电传、传真等传统服务项目已逐渐被电脑和手机取代，转化为客人的自助服务。因此，商务中心的业务逐渐萎缩。

学习考评

一、知识测评

确定本任务关键词，按重要程度排序并举例解读，根据自己对重要知识的捕捉、排序、表达、创新和划分权重能力进行自评，见表 5–5（满分 100 分）。

表 5–5　知识测评表

序号	关键词	举例解读	评分自定
1			
2			
3			
4			
总分			

二、能力测评

对表 5–6 所列作业内容、操作规范等打分，操作错误或未操作即 0 分（满分 100 分）。

表 5–6　能力测评表

序号	能力点	配分	评分自定
1	熟悉前厅部的概念	20	
2	掌握前厅部的功能和组织机构	25	
3	熟悉大堂的布局及环境	30	
4	掌握前厅部员工的素质要求	25	
总分		100	

三、素质测评

对表 5–7 所列素养点打分，做到即得分，未做到即 0 分（满分 100 分）。

表 5–7　素质测评表

序号	素养点	配分	评分自定
1	树立爱岗敬业精神	25	
2	树立精益求精的大国工匠精神	25	
3	提高自身道德修养	25	
4	提高自身的职业操守	25	
总分		100	

思考与练习

一、填空题

1. 酒店电话总机以 _____ 为媒介，直接为客人提供各项服务，包括 _____，挂拨国际或国内长途，提供 _____、查询、开通 IDD 等。

2. 总机房的环境要求是安静、保密、_____、_____、舒适。

3 需要给酒店住客留言的电话，全部转接到 _____。

4. 为便于客人单独使用商务中心从事各类商务活动，商务中心应具有 _____、_____、_____、整洁的特点，环境布置应令人赏心悦目，从而提高工作效率。

二、简答题

1. 一般电话交换机的功能有哪些？

2. 对商务中心文员的素质要求有哪些？

3. 人工叫醒服务与自动叫醒服务的区别是什么？

三、案例分析题

两个火车站

2016 年 12 月 29 日，来自济南的住店客人刘先生要求杭州某酒店商务中心文员章小姐为其订一张 12 月 31 日 13：00 去济南的火车票，章小姐按照规定的程序为刘先生完成了订票手续，客人也取了票。12 月 31 日 15：00，刘先生来到酒店商务中心，说他赶到杭州火车站后，车站工作人员告诉他火车是从杭州南站发车，且车票上已经说明了。等他打车到杭州南站时，火车已经开走，为此产生了很多麻烦。刘先生认为自己是外地人，不知道杭州有两个火车站，由于章小姐没有告知，造成了现在的局面，刘先生要求酒店赔偿他的一切损失。

酒店在此次事件中有无责任？对刘先生的要求应如何答复？从该事件中酒店应该吸取什么教训？

学习情境 6　客房销售服务

情境描述

小张跟随公司经理出差。到酒店后，他在办理入住时发现酒店总服务台处悬挂标准间、商务房、豪华房等各类型的价格标示牌，与自己所订的商务房的价格不甚相同，也和他之前入住的一家综合星级酒店的价格差异较大。小张很想知道不同酒店客房房价是怎么制定的，有什么样的差异。

学习目标

（1）掌握房态类型。

（2）掌握房价种类及构成。

（3）会灵活运用各种销售技巧销售客房。

项目 1　明晰房态房价

任务 1　熟知酒店客房状态

问题导学

酒店客房都有哪些状态？它们分别有什么功能？影响客房状态的因素有哪些？

客房状态类型

1. 住客房

住客房（Occupied，OCC）是住店客人正在使用的客房。

2. 空房

空房（Vacant Clean，VC）也叫可售房，是已清扫整理、经检查可供出租的客房。

3. 走客房

走客房（Vacant Dirty，VD）是客人已经结账离店，正处于清扫整理阶段的客房。

4. 待修房

待修房（Out of Order）是硬件出现故障、正在进行维修而暂停出租的客房。

5. 保留房

保留房（Blocked）是预留给将入住的团队和会议客人的一种内部掌握的客房。总台人员应在计算机上做好标记，表明该房间已为某位客人或团体保留，防止将其出租给其他客人而引起麻烦。

6. 外宿房

外宿房（Sleep Out）是住客在外过夜的房间。总台人员应在计算机上对该客房做外宿未归标记，并通知大堂副理和客房部。大堂副理会双锁该客人的房间，并做记录。客人返回后，由大堂副理为客人开启房门并做说明。

7. 携带少量行李的住客房（Occupied with Light Luggage）

为防止发生逃账等意外情况，客房部应在计算机中做相应标记，并将此情况通知总台。

8. 请勿打扰房（DND）

住客在门把手上挂有"请勿打扰"牌或开启请勿打扰灯（图6-1），意味着酒店服务人员不能进入客房提供服务。因此，总台人员有必要对该客房加以关注。到了酒店规定时间，总台或客房部应与住客进行电话联系，以弄清原因。其状态可能是住客房、走客房或空房。

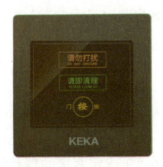

图6-1　请勿打扰灯

9. 双锁房（Double Locked）

住客在房内双锁客房，可能是客人不想被打扰；也可能是客人误操作，在离开房间时无意间把房门双锁或无法起来开锁等，服务人员无法用普通钥匙开启房门。当酒店发现房间内设备严重受损、存在暴露的贵重物品或发生刑事案件时，也应双锁客房，等候调查处理。

影响房态的因素

影响客房状态发生变化的因素，除因部门间信息沟通不畅外，还包括下列几种直接因素。

（1）分房。

（2）入住。客人办理完入住手续进入客房后，其房态由 VC 变为 OCC。此时，接待员应及时变更客房状态，自动封定相应客房。任何粗心大意的行为都将会影响房态的正确性。

（3）换房。

（4）退房。接待员在接收到总台收银处发来的客人退房信息后，要立即更改房态，并通知客房中心，让他们派人清扫整理客房。

（5）关闭楼层。淡季时，酒店为节省能源消耗，降低成本，时常采取相对集中排房、关闭其他楼层的措施。此时，接待员应根据酒店规定，在计算机中进行预留。

互动探究

酒店前台和客房服务人员是怎样实时了解房间状态及其变化状况的？

房态的控制

使用计算机管理的酒店前厅部相对容易控制房态，在确保每次输入的指令准确无误的同时辅以检查；一般一日三次核对客房部送来的"楼层报告"。而以手工方法显示房态的酒店则比较复杂，且容易出错。除掌握客房状况显示架运行方法（或客房状况显示系统）外，还应借助于控制房态的表格以及加强房态信息的有效沟通。

（一）房态控制表格

1. 客房状况表

通过定时统计客房状况表（表6-1）确定客房的现状和预订状态。接待员可根据客房状况显示架及预订资料信息，每日定时登记，包括客房使用情况、客房状况等内容。

表6-1　客房状况表

日期：

时间：

客房使用情况		客房状态	
酒店客房总数	435	住客房	197
待修房	0	尚未打扫	168
酒店内部用房	0	打扫完毕	29
		空房	225
可售房	422	尚未打扫	25
住客房	197	打扫完毕	200
预期离店	15		
今晚可售房数	240		
确认类预订：团体	0		
散客	7		
非确认类预订：团体	2		
散客	41		
尚未出租的客房	190		
现时出租率	55%		

2. 客房状况调整表

客房状况调整表（表6-2）有助于让接待处和预订处之间的信息沟通顺畅。预订处可根据客房状况调整表上反映的未经预订直接抵店、换房、延期离店、提前离店等信息，及时更新预订系统等预订资料。便于掌握临时取消预订、预订不到、延期离店、提前离店的客人数量及用房数，做好客房销售工作。

表 6-2　客房状况调整表

星期 _____ 日期 _____

房号	类型	姓名	需做调整的日期		备注
			自	至	
备注　N/R：未经预订、直接抵店　　　　　EXT：延期离店 CNL：取消　　　　　　　　　　UX＿＿＿DEP：提前离店 NS：订了房，但未抵店					

3. 客房状况差异表

客房状况差异表是在接待员核对客房部送来的检查报告并与客房显示架核对后，登记出现差异的房号、前厅部状况、客房部状况、调整状况等信息，便于核查显示总台房态与客房部检查的房态结果不一致之处，找出差异存在的原因，采取措施确保房态准确。

（二）客房预订状况显示系统

客房预订状况显示系统（图 6-2）又称为长期状况显示系统。未使用计算机联网系统的酒店通过"客房状况预订汇总表"和预订情况显示架显示未来某一时间内某种类型客房的可销售量。

酒店计算机系统目前广泛应用于客房数量多、客流量大、种类复杂的大中型酒店，是综合显示客房状态的计算机设备系统。前台接待处、收银处，以及客房值班中心等部门通过操作计算机来了解、掌握、传递有关客房状况的信息，加快各部门之间沟通、联系的速度，从而提高酒店的工作效率。同时，酒店计算机系统不仅适合显示客房状况，对客史档案的建立、客账管理、各种报表形成、营业收入汇总等也起到重要作用，还可用于前台及整个酒店的管理工作。

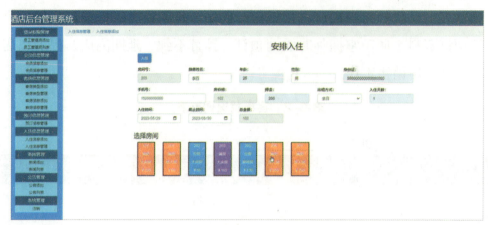

图 6-2　客房预订状况显示系统

（三）房态信息沟通

1. 确保客房预订显示系统的准确性

为了确保客房预订显示系统的准确性，应做好销售部、预订处和接待处之间的信息沟通工作。销售部应尽早通知预订处团队、会议、长住客人等预订情况；预订处、接待处也应将散客预订情况与住房状况及时反馈给销售部。前厅部与销售部管理人员应经常一起研究客房销售预测、价格等事宜。旺季来临前，双方应商定团体与散客的组成比例，尽可能提高客房使用的经济效益。同时，接待处与预订处之间也应每天同步更新客房状况表，以确保预订信息的准确。

2. 确保客房现状显示系统的准确性

为确保客房现状显示系统的准确性，客房部、接待处、收银处之间应进行及时有效的信息沟通。接待处应及时通知客房部客人的入住、换房、离店等信息；客房部及时通知前台客房的实际状况，以便核对、控制房态。客房部与销售部管理人员还应经常讨论、磋商客人对房间要求、客房维修、保养计划安排等事宜。另外，接待处应及时建立客账交收银处（如换房），也应将客房及房价变更情况书面通知收银处，而且在客人离店时，应及时将此信息通知接待处，以准确调整房态。

活学活用

陈小姐将在 1 小时之后到达某酒店，她提前打电话到总台确认预订的 1308 号房间。但服务员小张发现计算机显示为 OCC，小张该怎么做？

考核评价

考核评价见表 6-3。

表 6-3　熟知酒店客房状态考核标准

考核项目	考核内容	评分标准	扣分
客房状态类型		一项表述不准确扣 5 分，共 45 分	
影响房态的因素		一项表述不准确扣 5 分，共 25 分	
房态的控制		一项表述不准确扣 10 分，共 30 分	
合计			
教师评语			

考核时间：20 分钟，考核总分：100 分

任务 2　明晰酒店房价

问题导学

为什么小张预订的商务间的价格与酒店所挂价格标示牌不同？这是由什么原因引起的呢？

酒店房价的构成与收费方式

酒店客房价格由客房商品的成本和利润构成。客房商品的成本包括建筑投资及其利息、客房设备折扣费、修缮费，物资用品消耗费用、土地资源使用费、经营管理费，客房服务人员工资福利、保险费、营业税等。利润包括所得税和客房利润。酒店收费方式通常按照对客人的房费报价中是否包括餐费，以及包含哪几餐的餐用而划分成下列不同的方式。

1. 欧洲式（European Plan，EP）

其只包含房费，不包括任何餐费的收费方式，为国际上大多数酒店所采用。

2. 美国式（American Plan，AP）

其包含房费和一日三餐的费用，又被称为"全费用计划方式"，经常被远离城市的度假型酒店或团队客人所采用。

3. 修正美式（Modified American Plan，MAP）

其包含房费和早餐费用，还包括一顿午餐或晚餐（两者任选其一）的费用，多为普通旅游客人所采用。

4. 欧洲大陆式（Continental Plan，CP）

其包含房费及欧洲大陆式早餐，主要有冷冻果汁、烤面包、咖啡或茶。

5. 百慕大式（Bermuda Plan，BP）

其包含房费及美式早餐，除包括欧洲大陆式早餐的内容外，通常还包括鸡蛋、火腿、香肠、咸肉等肉类食品。

房价的种类

1. 标准价

标准价又被称为"门市价""散客价""客房牌价"，是酒店价目表上明码标注的各类客房的现行价格，不包含任何服务费或折扣等因素。

2. 团队价

酒店为了与旅行社建立长期合作的业务关系，对旅行社的团队客人执行团队价，有利于维护酒店长期、稳定的客源。旅行社组织的客源量和酒店客房利用率的不同是团队价设置高低的依据。

3. 家庭租用价

酒店为携带孩子的父母提供家庭租用价，以带动其他消费。

4. 淡季价

在营业淡季，酒店在标准价的基础上下浮一定的百分比，是为经营需要采取的刺激消费的措施。

5. 旺季价

在营业旺季，酒店在标准价的基础上上浮一定的百分比，是为最大限度地提高客房经济收益而采用的价格。

6. 商务合同价

酒店为与有关公司或机构长期合作而签订合同，并按合同规定向对方客人以优惠价格出租客房。对方提供的客源量以及客人入住天数和在酒店的消费水平决定了房价优惠幅度的大小。

7. 小包价

小包价是酒店为客人提供房租费、交通费、餐费、游览费等各项报价，以方便客人做预算。

8. 折扣价

折扣价是酒店向常客、长住客或其他有特殊身份的客人提供的优惠价格。

9. 免费

酒店有时需要为某些特殊客人提供免费房。酒店应健全免费具体实施制度，只有酒店总经理才有权批准。

10. 白天租用价

大部分酒店收取的白天租用价按半天房费收取，也有些酒店按小时收取。通常在以下情况下，酒店可按白天租用价向客人收取房费。

（1）客人凌晨抵店入住。

（2）客人离店结账时间超过了酒店规定的结账时间。

（3）客人入住与离店发生在同一天。

活学活用

小王实习的酒店是一家五星级酒店，自助早餐十分丰富，有果汁、茶、咖啡、烤面包、鸡蛋、烤肉、海鲜、水果、各类糕点、主食等 200 多个品种。早餐包含在房费中，但是中餐和晚餐则不包含在内。

请分析这家酒店的房费属于哪种计价方式？

影响客房定价的因素

1. 定价目标

通常，客房定价围绕追求利益最大化、提高市场占有率、应对同行竞争以及实现预期的投资利益等目标进行，定价目标是影响客房定价的首要因素。

2. 成本水平

客房定价应在成本的基础上确定，即成本往往是价格的下限，否则将导致亏损。

3. 市场供求关系

市场供求关系是一种动态变化的数据。当供大于求时，则考虑降低价格；当供不应求时，则可以考虑提高价格。为适应市场需求，客房价格是随供求关系的变化而不断调整的。

4. 酒店地理位置

酒店所处地理位置是影响房价的重要因素之一。位于市中心、交通便利的酒店的房价要比位于市郊或其他地理位置不理想的酒店的价格高，竞争力也强。

5. 酒店服务质量

酒店定价除考虑酒店硬件设施设备外，还应考虑服务人员的礼节礼貌、服务态度、服务效率、服务技巧、服务特色等服务软实力，因为以质取胜越来越成为竞争的优势。

6. 竞争对手价格

本地区同等级的其他酒店的房价是酒店制定房价的一项重要的决策依据，出台后的房价才具有一定的竞争力。把住在价格较高的酒店看成是自己（公司）身份和地位的象征的客人不在少数，价格过低，会失去对这部分客人的吸引力。低价格，会让客人怀疑酒店服务质量，影响酒店的市场形象，一旦调高价格，便会引起客人的不满，失去竞争力；而价格过低会使服务人员自觉或不自觉地降低服务标准，导致质量下降等。

7. 客人的消费心理作用

"价格门槛"是客人对一种商品消费所能接受的价格上限和下限。在一定的生活水平基础上，若某一产品价格过高或过低，客人均不愿购买。若价格过高，客人消费不起；若价格过低，客人怀疑有质量问题，怕上当。

8. 有关部门和组织的价格政策

客房定价受政府主管部门及行业协会等组织和机构对酒店价格政策的制约。

考核评价

考核评价见表6-4。

表 6-4　明晰酒店房价考核标准

考核项目	考核内容	评分标准	扣分
酒店房价的构成与收费方式		一项表述不准确扣 6 分，共 30 分	
房价的种类		一项表述不准确扣 3 分，共 30 分	
影响客房定价的因素		一项表述不准确扣 5 分，共 40 分	
合计			
教师评语			

考核时间：20 分钟，考核总分：100 分

知识加油站

客房定价方法

1. 千分之一法

千分之一法是根据客房造价来确定房间出租价格的一种方法，即将每间客房的价格确定为客房平均造价的千分之一。

2. 客房面积定价法

客房面积定价法是通过确定客房预算总收入来计算单位面积的客房应获得的收入，进而确定每间客房应获得的收入而进行的一种定价方法。

3. 赫伯特定价法

赫伯特定价法是以目标收益率为定价出发点，在已确定计划各项成本费用以及酒店利润指标的前提下，通过计算客房部应承担的营业收入指标，进而确定房价的一种客房定价法。其落脚点是客房营业收入指标，其合理程度将决定客房价格的可行程度。

4. 收支平衡定价法

收支平衡定价法是以成本为导向，运用损益平衡实行的一种定价方法。酒店可根据成本、销售量和利润的关系计算出收支平衡的平衡点，并以此来确定客房的价格。

项目2　客房销售程序与技巧

任务1　熟知客房销售的内容与程序

问题导学

在本学习情景的情景描述中，前台工作人员主要向客人介绍了酒店的哪些房型？酒店在销售客房时会向客人推销酒店的哪些产品呢？

客房销售内容

1. 酒店的地理位置

酒店所处位置是影响客人选择所住酒店的重要因素之一，它是指酒店所处区域的交通便利程度、周围环境等，前厅部人员应充分利用现有的地理位置积极推销。

2. 酒店的设施设备

酒店齐全有效的设施设备、过硬的有形产品是开展销售的重要条件。为此，前厅部服务人员应娴熟地掌握酒店拥有的设施设备及其有别于其他酒店的特点。例如，酒店的外观、风格，各有特色的房间，别具一格的餐厅，各健身、娱乐场所及其提供的美味可口的精致菜肴等。

3. 酒店的服务

服务是酒店所有销售产品中最为重要的部分，且是无形的。优质、高效的服务，需要具备的因素有：S——Smile（微笑），E——Efficiency（效率），R——Receptiveness（诚恳），V——Vitality（活力），I——Interest（兴趣），C——Courtesy（礼貌），E——Equality（平等）。将其合并即为服务的英文（SERVICE）。作为与客人接触面最广的前厅部服务人员，更应努力提高自身的服务意识、服务技能，给客人留下美好的印象。尤其是当客人提出临时的、合理的特殊服务要求时，更应千方百计地满足，突出酒店个性化服务。例如，有的酒店总台备有一本专门记录客人特殊要求（爱好、习惯等）的活页本，并将这些要求及时输入计算机，供各部门使用。

4. 酒店的形象

酒店的形象是最有影响的活广告。前厅部服务人员应灵活运用，自觉维护。主要包括酒店的历史、知名度、信誉、口碑、独特的经营作风、优质的服务等。

5. 酒店的气氛

酒店的气氛是客人对酒店的一种感受。前厅部地处酒店最显眼的地段，又是留给客人第一印象和最后印象的所在地，故其创造的气氛十分重要。例如，文化氛围浓郁的酒店气氛给客人一种高品位的感受，古色古香的中国民族风格的酒店建筑配以不同格调的艺术品，辅之相适应的传统民族服饰以及错落有致的花卉点缀，将对外宾有着特殊的吸引力。因此，前厅部人员应努力销售其独具特色的酒店气氛。

互动探究

销售员在销售客房时有哪些流程？

客房销售程序

1. 把握特点

前厅服务人员应充分了解酒店目标市场的客人类型及其需求，并有效利用已建立的客史档案资料，把握客人的需求特点，采取有针对性、个性化的销售方法。例如，商务客人的特点是时间安排紧，注重酒店的服务速度，入住酒店的可能性大，对房价不太计较，经常使用酒店设施设备等，故前厅部服务人员就应针对上述特点，向其推销幽静、便于会客、房内光线明亮（有可调节亮度的台灯和床头灯）、办公桌宽大、房内办公设施齐全（安装有 IDD 和 DDD 电话以及互联网接口、计算机、传真机、打印机等）且价格较高的商务房；而旅游客人的特点则不相同，通常要求房间环境宜人、干净整洁，比较在乎价格；新婚夫妇喜欢宁静、温馨且配有一张大床的房间；知名人士、高薪阶层则偏爱套房；携带孩子的父母往往选择相连房；而老年客人和有残疾的客人则喜欢住在靠近电梯且楼层低的房间……因此，前厅服务人员应加强日常观察、点滴积累，把握各种类型客人的特点（年龄、性别、职业、国籍、旅游动机等），进行有针对性的销售。

2. 介绍客房

前厅服务人员应根据客人的不同特点介绍酒店客房及其价值，应注意察言观色，生动描述房间的特色，给予客人的便利条件，以及满足各种附加的心理方面的需求，以减弱客房价格的分量。例如，套房强调有气派，便于社交会客和商务接待；朝向花园的客房强调清净，能给人惬意的享受；邻近电梯和过道的客房则表明进出方便。

要准确地描述介绍客房，必须首先把握客房的特点，这也是对前厅部服务人员最基本的要求之一。要想胜任就应注重平时的业务培训，如带前厅服务人员参观不同种类的客房，身临其境，并由专人讲解客房特点，以加深客人的印象。

3. 洽谈价格

在对客房特点给予语气恰当的形容和强调后，前厅服务人员应让客人认同酒店销售客房的价值，并解答客人最希望了解的关键问题，有技巧地与客人洽谈价格。此时，应注意避免硬性推销或急于报出定价，而是选择时机将价格提出来，便于客人接受。

4. 展示客房

若客人仍有疑虑，前厅服务人员应将事先准备好的客房宣传册、图片等直观资料展现给客人。必要时，可带领客人实地参观几种不同类型的客房，由高档逐步向低档展示，再加以前厅服务人员自信、热情、礼貌的介绍，客人大都会做出合理、明智的选择。

5. 促成购买

在察觉到客人对推销的客房发生兴趣时，前厅服务人员应加倍努力，使用有策略的语言并采取合适的行为，从而促成客人做出最终的购买选择。

任务实训

根据实训要求，学生分小组合作，模拟销售客房的情景练习。

考核评价

考核评价见表6-5。

表6-5 掌握客房销售的内容与程序考核标准

考核项目	考核内容	评分标准	扣分
客房销售内容		一项表述不准确扣10分，共50分	

续表

考核项目	考核内容	评分标准	扣分
客房销售程序		一项表述不准确扣 10 分，共 50 分	
合计			
教师评语			

考核时间：10 分钟，考核总分：100 分

任务 2　通晓客房销售的技巧

问题导学

前台接待人员为了更有效地推销客房，应具备哪些要求，掌握什么样的推销技巧？

成功推销客房的前提

前台接待人员必须具备良好的素质，掌握相应的知识和信息，才能在接待过程中成功地将客房和酒店的其他产品推销给客人。

1. 熟悉、掌握本酒店的基本情况和特点

这些特点包括酒店的地理位置和交通情况，酒店的相关销售和推广政策，装修、布局风格及特点，房间的类型、价格、朝向、设施设备等，是接待人员做好客房销售的先决条件。

2. 了解、掌握竞争对手酒店的产品情况

接待人员除了解本酒店产品的基本状况外，还需要了解同行业竞争对手产品的价格、质量、内容特点等，找出酒店的特点和优势，扬长避短，再加以推广和宣传。

3. 熟悉本地区的旅游项目与服务设施

接待员应了解旅游资源的特点以及相关活动的举行，向客人推广，以便增加其在本地的逗留时间和机会，从而提高客人的入住概率和酒店的收入。

4. 认真观察、掌握客人的心理及需求

销售房间看似简单，其中却包含很强的艺术性、技巧性，它来源于对客人言谈举止的细心观察和判断，取决于对客人消费心理的正确把握。与客人沟通和交流，有利于接待员成功推销客房及酒店的其他产品。

5. 接待人员推销时要积极、热情

不可否认，个人的工作状态在推销过程中会对推销效果产生很大的影响，接待员的热情、开朗，对客的积极、主动，对酒店产品的自信心都是成功推销的前提和必要保障。

客房销售技巧

前台接待人员不仅要接受客人预订，为客人安排房间，还要善于推销客房及其他产品，最大限度地提高客房出租率，增加酒店的综合销售收入。接待员的推销要讲究技巧，主要包括以下几个内容。

1. 强调客人受益

接待员要将价格转化为能给客人带来的溢出利益和满足感，并对客人进行启迪和引导，促成其转化为购买行为。因为客人对产品价值和品质的认识程度不一样，比如相同的价格，有些客人认为合理，有些客人则感到难以承受。当接待员遇到一位因房价偏高而犹豫不决的客人时，可以这样介绍：这类客房的床垫、枕头具有保健功能，可以让您在充分休息的同时预防疾病。而另一位接待员可能是这样推销的：这类客房价格听起来高了点，但它配有冲浪浴设备，您不想体验一下吗？强调客人受益，增强了客人对产品价值的理解程度，从而提高了客人愿意支付的价格限度。

2. 替客人下决心

许多客人并不清楚自己需要什么样的房间，在这种情况下，接待人员要认真观察客人的表情，设法理解客人的真实意图、特点和喜好，然后按照客人的兴趣爱好，既有针对性地向客人介绍了各类客房的特点，消除其疑虑，又展示了酒店的信誉和管理的灵活性。

3. 进行房价分解

通常，酒店为获得更多的营业收入，都要求接待员先推销高价客房。而价格是最具敏感性的因素，有时客人一听到总台的报价就可能会被吓退，从而拒绝购买。此时就需要将价格进行分解以隐藏其"昂贵性"。例如，某类型的客房价格是 450 元，报价时可将其中的 50 元自助早餐费从房价中分解出来，告诉客人实际房价为 400 元；假如其中包含洗衣费或健身费等其他项目，也可同样进行分解。这样，客人心目中对于房价高的认知程度将大大降低。采

用价格分解法，更容易打动客人，促成交易。

4. 使用第三者意见

当客人选择房间犹豫不决时，或有可能放弃住宿本酒店的想法时，前台接待员可适时使用第三者意见来促成尽早成交。"第三者"可以是某位客人、旁观者或其他服务员，也可以是某一件事、某种现象或统计数字等。但是必须是对客人做出决定有影响的，否则会适得其反。

5. 推荐高档客房和其他服务与设施

在客房销售中可以向客人推荐其他价位的客房。根据消费心理学，客人常常接受服务员首先推荐的房间，如客人不接受，再推荐价格低一档次的房间，并介绍其优点。这样由高到低，逐层介绍，直到客人做出满意的选择。这种方法适用于向未经预订而直接抵店的客人推销客房，从而最大限度地提高高价房的销售量和客房整体经济效益。

在宣传推销客房的同时，还应推销酒店的其他服务设施和服务项目，如餐饮、康乐、商务等，以使客人感受到酒店产品的综合性和完整性，这样还可以增加酒店的营业收入。例如，客人深夜才抵店时，可以向客人介绍 24 小时营业的酒吧或房内送餐服务；如果客人带有小孩住店时，可向客人推荐酒店的托婴服务。

6. 选择适当的报价方式

报房价时，不能只报金额，而不介绍房间的设施和特色。不同的报价方式适用于不同类型的房间推销，主要有以下三种报价方式。

1）鱼尾式报价

先介绍房间所提供的服务设施和服务项目及客房的特点，最后报出房价，突出产品质量，减弱价格对客人做出购买决策的影响，适合用来推销高档客房。

2）夹心式报价

将价格置于提供的服务项目中，以减弱直观价格的分量，增加客人购买的可能性。适合中高档客房的销售，一般针对消费水平高、有一定地位和声望的客人。

3）冲击式报价

先报出房价，再介绍房间提供的服务设施和项目，适合推销价格比较低的房间，以报价打动客人。

7. 注意语言艺术

总台员工在推销客房、接待客人时，说话不仅要有礼貌，还要讲究艺术性；否则虽没有恶意，也可能会得罪客人，至少不会使客人产生好感。

活学活用

一天，小王接待一对老夫妇入住酒店，简单的交谈中，小王了解到他们是教授，外出旅游需要入住该酒店。小王为他们推荐客房时宜采用哪种报价方式？

考核评价

考核评价见表6-6。

表6-6　客房销售的技巧考核标准

考核项目	考核内容	评分标准	扣分
成功推销客房的前提		一项表述不准确扣6分，共30分	
客房销售技巧		一项表述不准确扣10分，共70分	
合计			
教师评语			

考核时间：10分钟，考核总分：100分

知识加油站

前厅部客房销售的工作要求

1. 销售准备

（1）仪表仪态要端正，表现出高雅的风度和姿态。

（2）前台工作环境要有条理，使服务台区域干净整齐，不凌乱。

（3）熟悉酒店各种类型的客房及其服务质量，以便向潜在客人介绍。

（4）了解酒店所有餐厅、酒吧、娱乐场所等各类营业场所及其公共区域的营业时间与地点。

2. 服务态度

（1）善于用眼神与客人交流，表现出热情和真挚。

（2）面部常带微笑，对客人的到达表示欢迎，要说："您好，欢迎您的光临！"

（3）用礼貌用语问候客人。

（4）举止行为要恰当、自然、诚恳。

（5）回答问题要简单、明了、恰当，不能夸大住宿条件。

（6）不能贬低客人，要耐心解答客人的问题。

学习情境小结

本项目主要介绍了客房状态的类型，房价的种类及构成，运用各种销售技巧销售客房。客房销售是前厅工作的首要任务，学生只有掌握客房销售的艺术与技巧，才能在接待过程中成功地将客房推销给客人。

学习考评

一、知识测评

确定本任务关键词，按重要程度排序并举例解读，根据自己对重要知识的捕捉、排序、表达、创新和划分权重能力进行自评，见表6-7（满分100分）。

表6-7 知识测评表

序号	关键词	举例解读	评分自定
1			
2			
3			
4			
总分			

二、能力测评

对表6-8所列作业内容、操作规范等打分，操作错误或未操作即0分（满分100分）。

表6-8 能力测评表

序号	能力点	配分	评分自定
1	掌握房态类型	20	
2	掌握房价种类及构成	40	
3	会灵活运用各种销售技巧销售客房	40	
总分		100	

三、素质测评

对表6-9所列素养点打分，做到即得分，未做到即0分（满分100分）。

表6-9 素质测评表

序号	素养点	配分	评分自定
1	树立爱岗敬业精神	25	
2	树立精益求精的大国工匠精神	25	
3	提高自身道德修养	25	
4	提高自身的职业操守	25	
总分		100	

思考与练习

一、填空题

1. 接待员核对客房部送来的检查报告并与客房显示架核对后，登记出现差异的房号、前厅部状况、客房部状况、调整状况等信息的表格是 _____。

2. _____ 是客人已经结账离店，正处于清扫整理阶段的客房。

3. 影响客房状态发生变化的因素有 _____、入住、_____、_____、关闭楼层。

4. 以手工方法显示房态的酒店除掌握客房状况显示架运行方法（或客房状况显示系统）外，还应 _____ 和 _____。

5. 客人办理完入住手续进入客房后，其房态由 _____ 变为 _____。

二、简答题

1. 如何成功地推销客房？

2. 在推销客房的过程中有哪些适当的报价方式？

3. 酒店在销售客房时会向客人推销酒店的哪些方面？

三、案例分析题

某天 23 点，某酒店来了一对新婚夫妇，小王很有礼貌地招待客人，热情地向客人介绍酒店的客房。听了小王的介绍后，客人非常满意，提出想住大床房。但大床房已住满，小王为其推荐了标准间。客人不满意，失望地离开了酒店。

造成这对新婚夫妇离开酒店的原因是什么？酒店应从这件事情中吸取什么教训？如果你遇到此类情况，会如何处理？

学习情境 7　前厅部管理

情境描述

某酒店已经有较长的经营年限，酒店的人员编制已满，出勤情况正常。此时虽不是酒店经营的旺季，酒店前厅部的人员调配却出现了混乱：员工大多是多年的老员工，人浮于事，干活挑三拣四，工作效率低下，使酒店的日常管理陷入僵局。根据此问题，新上任的前厅部杨经理打算重新整顿前厅部的人力资源。小赵是某公司入职不久的总经理秘书，在圣诞节前夕，小赵收到了某酒店给总经理寄来的圣诞节贺卡。贺卡版面设计新颖、温馨，突出了某酒店自身的特点，内附感谢语与祝福语。小王是酒店新入职的服务人员，这天小王经历了一名客人投诉酒店工作人员办事拖沓的事件。原来是客人所住房间中的空调遥控器坏了，客人给服务人员打了三遍电话，服务人员才给他换了新的遥控器。

学习目标

（1）熟悉前厅部人力资源管理。

（2）掌握客史档案的设置与管理。

（3）掌握投诉处理的程序和方法，具备处理客人投诉的能力。

项目1 认知前厅部人力资源管理

认知前厅部人力资源管理

问题导学

此酒店的日常管理陷入僵局，是前厅部在人力资源的调配与控制方面出现了状况，那么，杨经理应该怎样做好前厅部人力资源的调配与控制？

人力资源的合理调配与控制，需要前厅部各级管理者的配合，准确预测客情，充分利用每一名员工，既能确保前厅部的正常运转，又能降低管理和运营的费用，还能使员工保持精神饱满的工作态度，对工作充满积极与主动。

前厅部人力资源管理的概念

人力资源管理指管理者根据酒店的实际情况，在预先估测出不同的客情和工作量的情况下，合理调配和使用现有人力资源，以达到各部门有效地完成工作任务的一种管理手段。合理调配与控制人力资源的前提是了解酒店的现有人力资源与服务对象、各岗位及部门的工作特色及工作效率，然后管理者再根据这些实际情况做出决策。若要实现合理调配人力资源，还需要确定前厅部各岗位的人员编制，根据客情预测结果安排人力，确保岗位工作的正常运行。

前厅部人力资源管理的目的

二十大报告提到聚焦战略、科技与创新人才，酒店各部门要重视人力资源管理。前厅部人力资源管理的目的在于在保证酒店正常运行的情况下，减少酒店的人员编制，提高各部门工作效率，降低运营费用。想要对人力资源做出合理的安排，酒店必须有适当的人员编制。人员编制定额是根据酒店全年平均工作量制定的。如果编制定额偏低，会加重员工的工作量，使员工身心疲惫，降低工作积极性，无法保证各部门的正常运转；如果编制定额偏高，可能使员工相互扯皮，效率低下，造成劳动费用过高，给酒店造成负担。

酒店应认真分析自身情况，如所处经营环境、经营类型、服务模式、服务特色等，然后根据这些情况制定合适的前厅部各岗位编制定员。

1. 确定前厅部组织机构

根据酒店的经营环境和目标客源确定前厅部的组织机构，然后确定人员编制定额。如大中城市的酒店规模较大，以商务和会议型为主。商务酒店一般没有淡旺季，客流量大，客人平均逗留时间较短，各岗位工作量较平均。客人一般在办理入住登记手续与离店手续时对前厅部的要求较高，商务客人的电话通信较频繁，会增加问讯、总机的工作量。较大的客流量会增加客房预订、前厅结账、礼宾服务及商务中心的工作量。这些都需要前厅部组织机构有充足的人员与责任到人的精细分工。会议型酒店有明显的淡旺季与客流高峰，且客人平均逗留时间较长，故前厅部各部门及人员的工作高峰差异大，可采取适当合并或裁减部分岗位和人员的措施。

旅游度假区的酒店有自己的经营特色，多是休闲度假型的中小型酒店，有明显的淡旺季和稳定的客源，客人入住时间与离店时间集中，平均逗留时间较长，客人主要是来此休闲娱乐，所以对电话、传真等商务设施的使用率低，酒店可以采取合并或精简大多数岗位，使组织机构紧凑，这样可以节省劳动成本。

2. 预测前厅部各岗位工作量

在确定前厅部组织机构后，就应该预测前厅部各岗位的工作量。前厅部各岗位的日平均标准工作量为确定前厅部编制定员提供了依据，统计各岗位工作量和员工的平均工作效率，确定岗位编制定员。

酒店规模、平均出租率、平均逗留时间等因素影响了各岗位工作量的测定。一般情况下，平均工作量与酒店规模、平均出租率、客人平均逗留时间成正比。可以据此算出酒店全年平均客流量，以此预测出前厅部各班组的全年日平均标准工作量。除此之外客源结构对客流量也有一定影响：若散客与商务客人较多，前厅部工作量就较大。

综合考虑气候、季节、当地商务投资环境，经常性的大型社会、文化、体育活动，各类展览会、展销会、交易会等大型商务活动等因素，在日平均工作量的基础上预测并安排前厅部各岗位的基本工作量。

3. 确定前厅部各岗位工作定额

在一定的物质、技术和管理条件与前厅部员工发挥正常的工作效率下，在单位时间内所应完成的标准工作量或完成单位工作量所消耗的时间，就是前厅部的工作定额。确定工作定额取决于普通员工正常工作效率，也就是经过一般培训的大多数员工完成单位工作量所需的时间或在单位时间内所能完成的工作量，然后通过实际测试获得前厅部各岗位标准工作效率，算出该岗位的工作定额。

前厅部工作定额分为工作量定额与时间定额。工作量定额是指标准工作时间内员工所应完成的标准工作量；时间定额是指完成单位工作量应消耗的时间（标准工作效率）。

4. 确定前厅部岗位人员编制

根据各部门及岗位的全年工作量，国家劳动法规定和员工的工作效率、出勤情况，各岗位的服务时间、班次等，确定前厅部的编制定员。也就是说在确定岗位标准工作定额与年平均日工作量后，利用岗位定员法确定前厅部各部门岗位的编制定员。

前厅部人力资源管理的原则

1. 保证服务质量

酒店行业之内充满了激烈的竞争，高品质的对客服务是竞争制胜的法宝。"服务至上""客人就是上帝"是酒店服务行业的真理。合理调配和控制人力资源能够节省劳动成本，减少开支，增加酒店的利润。如果服务质量不过关，则会影响酒店的声誉，也会降低酒店的营业收入和利润。合理调配人力资源、降低费用绝不能牺牲服务质量，要在具体分析预测的基础上，最恰当地调配人力，为客人提供最优质的服务，即用最少的人，办最多的事。劳动力数量过多会造成人力资源的浪费，而劳动力数量过少会造成员工的工作量和差错率的增加，影响服务质量。

2. 保证日常工作的顺利进行

前厅部的工作并非只有对客服务一项，还有制作酒店运营报表，搜集、整理、分析酒店客人资料，酒店各部门的信息沟通，保证酒店客房状态正常显示等。合理调配人力资源的前提是需要保证这些工作的顺利运行，不能给酒店正常运营带来麻烦。如果这些工作不能顺利开展，将会影响酒店的对客服务质量，也会降低酒店长期的经营效益。所以保证日常工作的顺利进行是前厅部人力资源调配和控制的重要原则之一。

3. 保持并提高员工工作积极性

人力资源的管理既能提高员工的积极性，也能挫伤员工的积极性。不合理的人力资源调配可能会造成员工长期超负荷工作，疲劳程度不断上升，会影响到员工对工作的热情、积极性和主动性，使服务质量下降，可能还会造成其他严重的后果。合理的人力资源调配会充分考虑到员工的合法权益，利用各种调配方法来保证员工的工作积极性，从而给酒店带来更大的利益。

前厅部人力资源管理的方法

1. 根据酒店实际客情，合理安排员工班次

（1）设定前厅部各岗位的班次。酒店客源的差异会影响酒店服务和工作量。前厅部管理者应考虑酒店的客源特点，合理安排各岗位员工的日常班次。以商务酒店和旅游度假酒店为例，预订、接待、问讯、结账、礼宾、总机等岗位的工作量和服务特点都有着较大的差别，见表7-1，前厅部管理人员要根据酒店的自身特色与实际情况做出不同的安排。

表 7-1　商务酒店与旅游度假酒店前厅部各岗位工作特点比较

	商务酒店	旅游度假酒店
客源	多为商务型散客	多为游客
住客特点	客流量大，平均停留时间较短，预订、入住、离店时间较集中，行李服务也多集中在入住和结账高峰时段	客流量小，平均停留时间长
工作量	问讯、总机及商务中心的工作量较大	商务中心需求度很低，各岗位工作量相对较小
应对方法	全面考虑以上因素，分解部分岗位的工作量，减少班次，合理使用现有人力资源	合并岗位，无须设置商务中心，无须专门的行李人员

商务酒店客人多为商务型散客，日客流量大，客房预订多集中在周一至周五的9：00-17：00，客人入住高峰则集中在周一至周四的17：00-20：00，离店结账集中在每日的14：00之前，行李服务也多集中在入住和结账高峰时间。上午客人的电话通话量多，问讯、总机及商务中心的工作量较大。前厅部管理者在对人力资源进行安排调配时应全面考虑以上因素，分解某些岗位的工作量，减少班次，充分合理地使用现有人力资源。如预订处及商务中心的工作时间可设为9：00-17：00的正常班，其他时间的客房预订由接待处代理。问讯也可与接待处合并，接待处应将主要人力安排在上中班，结账处应将骨干力量安排在早班。

旅游度假酒店的客源多为游客，客人流动量小，平均停留时间长。前厅部各岗位工作量相对较小，岗位分工也较模糊。前厅部预订、接待、问讯、结账等岗位通常可以合并，通常也不设置专门的行李人员，客人一般也不需要设置商务设施，很少设置商务中心。

（2）预测客情，合理安排人力。前厅部各级管理人员根据前厅部各岗位人员的编制和班次、未来客情，来为下属员工安排工作班次，如图7-1所示。酒店各部门班次通常以"周"为单位进行排定。要用"最少"的人办"最多"的事，同时要保证员工的正常公休和节假日，使其对工作保有积极性。在客流量大的旺季和工作高峰时间，此时客房出租率高，应安排较多的员工，所有工作人员停止休假，尽量将假期调至客房出租率低的淡季。运转过程中应避免平均使用人力资源，根据工作量和工作强度差异的实际情况合理使用人力资源。

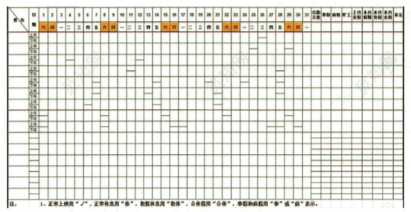

图 7-1　前厅部各岗位工作班次

2. 人员调配

前厅部根据预测客房出租率合理安排员工班次，人员编制定额是根据年平均出租率核定的，在客房出租率较高时，前厅部人员工作压力和强度比较大，当务之急，前厅部管理人员可以考虑抽调相似岗位的工作人员。如为保证顺利完成对客服务，接待处和问讯处可互借人员。在客流量高峰时，前厅部管理人员（如前厅部经理、副经理及大堂经理）可在接待处为客人办理入住登记手续。行李人员较少时，可借用其他部门闲置人员，如客房部、保安部。酒店其他部门需要帮助时，前厅部也可将闲置人员排出，对其进行帮助。

另外，客房预订、商务中心等岗位的工作主要集中在 9：00-17：00，故大多酒店只为这些岗位设置一个正常班，其他时间由接待处人员帮忙完成，这样有助于节省劳动力，可以降低酒店成本。

活学活用

如何才能提高员工的工作积极性？

考核评价

考核评价见表 7-2。

表 7-2　前厅部人力资源管理考核标准

考核项目	考核内容	评分标准	扣分
前厅部人力资源管理的原则		一项表述不准确扣 20 分，共 60 分	
前厅部人力资源管理的方法		一项表述不准确扣 20 分，共 40 分	

续表

考核项目	考核内容	评分标准	扣分
合计			
教师评语			

考核时间：20分钟，考核总分：100分

知识加油站

人力资源的调配与控制在实际操作中应怎样应用？

人力资源的调配与控制在实际操作中应注意几个问题，才能有效地完成人力资源管理的任务。

1. 提倡业务培训

合理的人力资源管理是指最大限度地发挥各个员工的潜质，优先看"质"，然后看"量"，保证各岗位工作正常运转。前厅部各级管理者首先要充分了解下属员工的业务水平和工作效率，在此前提下确定人员编制和工作定额，根据实际情况对前厅部进行人力资源管理。想要对前厅部进行有效的人力资源管理需要在各部门内对员工推行岗位培训和交叉培训，培养员工成为"一专多能"的人才，提高他们的工作效率和业务水平。

2. 遵守国家相关法律、法规

前厅部管理者管理人力资源的前提是遵守国家的相关法律、法规，保证员工正常休假等合法权益。

3. 保证公平、公正，一视同仁

前厅部各级管理者要做到公平、公正，对员工一视同仁，在为员工安排班次时，避免做到厚此薄彼；否则，员工与员工、员工与管理者之间将容易出现矛盾，从而挫伤员工的工作积极性，给管理者调配人力资源带来困难。

公平、公正、一视同仁体现在各级管理者对员工的工作时间安排的公平合理和对员工具体困难的体谅和照顾，在员工的假期，早、中、夜班，工作时间等的安排上尽量做到公平，还应考虑到员工的具体情况和生活困难，合理调整，为其解决难题。

项目2　建立客史档案

建立客史档案

问题导学

对于小赵这个初入职场的新人来说，第一次看到这么高端大气上档次的贺卡，十分有兴趣。小赵通过上网搜索，得知酒店贺卡是通过酒店客史档案的记录寄出的。那么酒店客史档案是什么呢？客史档案的用途和内容是什么？客史档案是如何管理的？

客史档案是酒店为客人提供针对性服务的一种重要途径和珍贵的工具。酒店可以通过客史档案了解、掌握客人的需求特点。酒店可根据客史档案的记录为客人提供"个性化"服务，从而提高酒店的服务质量，改善酒店的经营水平，招揽更多的回头客。

客史档案的用途

1. 客史档案记录的信息

（1）该客人是否住过店？如果住过，是什么时候住的？住过几次？

（2）客人住店期间，有什么爱好和习惯？喜欢哪一类型的客房或具体喜欢哪间客房？

（3）客人住店的目的是什么？有无接待单位？如有，是什么接待单位？

（4）客人对酒店有无批评、赞扬、投诉？如有，具体涉及哪些方面？处理结果是什么？

（5）客人住店期间，其消费累计额是多少？有无欠款、漏账？是否存在不良客史而不宜再接待的记录？

（6）了解客人的个人基本情况，以便在圣诞节和新年给客人寄贺年卡，也可在酒店促销时将新的促销活动资料寄给可能产生兴趣的客人，或给多次住店的客人寄发精致的感谢信等。

2. 建立提供"个性化"服务的客史档案

建立有效的客史档案有利于践行"顾客就是上帝"的服务理念，为客人提供"个性化"

服务，以增加人情味。建立客史档案有利于保障酒店服务的标准化、规范化、细致化、针对性，根据客人的需求特点所提供的"个性化"服务则是服务质量的灵魂。为客人提供更富有人情味的、突破标准与规范的"个性化"服务是服务的最高境界，是酒店服务的发展趋势。

3. 充分利用客史档案的资料

充分利用客史档案有利于酒店搞好促销活动，建立良好的市场营销机制，可以争取更多的回头客。例如，通过客史档案了解客人的出生年月、通信地址等，并向客人寄发生日贺卡、节日贺卡和酒店促销宣传资料等。

4. 客史档案的建立有助于提高酒店经营决策的科学性

每家酒店都有自己针对的目标市场，客史档案能最大限度地满足目标市场的需求来赢得客人，获得利润，达到"双赢"的目的。客史档案的建立利用，恰恰有助于酒店了解"谁是酒店的客人""我们酒店的客人需要什么""酒店如何才能满足客人的需求"等。因此客史档案能够提高酒店经营对策的科学性。

客史档案的内容

1. 常规档案

常规档案的内容主要包括姓名、性别、民族、国籍、年龄、出生日期、有效证件号码、通信地址、电话号码、公司名称、职务头衔等。建立常规资料档案有助于酒店更详细了解目标市场客人的基本情况，真正明确"谁是我们的客人"。

2. 预订档案

预订档案的内容主要包括预订方式、预订的时间（年、月、日）、预订日期有无变更、预订的种类、预订单位、联系人等。建立常规资料档案，有助于酒店选择销售渠道，以做好有针对性的促销工作。

3. 消费档案

消费档案的内容主要包括包价类别、所用客房、同行人员，以及所付房价、餐费及其他项目上的消费，酒店每次给予客人的优惠或折扣、客人的信用程度、账号、喜欢使用的设施等，从而使酒店了解客人的消费水平、支付能力及信用情况、消费倾向等。

4. 习俗爱好档案

习俗爱好档案的内容主要包括客人旅行的目的、爱好、生活习惯、喜欢的房号及餐桌号、宗教信仰、禁忌、住店期间提出的特殊服务要求等，以有助于为客人提供具有针对性的"个性化"服务。

5. 反馈信息档案

反馈信息档案的内容主要包括客人住店期间的意见、建议、表扬、投诉和处理结果，以及此客人是否已被酒店拉入"黑名单"等，有助于加强沟通，做好针对性服务。

为此，酒店应设计齐全而有效的客史档案卡（见图7-2）并做好客史档案卡的建立、使用和管理工作。

姓名		性别		国籍	
出生日期		出生地点		身份证号	
护照签发日期及地点					
护照号		签证号及种类			
职业		头衔			
工作单位					
单位地址		家庭地址			
电话		电话			
最近一次住店房号		个人信用卡号			
最近一次住店日期		VIP卡号			
房租		总的入住次数			
消费累计		其他			
习俗爱好、特殊要求					
表扬、投诉及处理					

图7-2 客史档案卡

客史档案的管理

酒店管理人员必须重视和支持客史档案的管理，并将其纳入相关部门及人员的具体岗位职责内，以使之制度化、规范化。

客史档案的资料主要来源于客人的"预订单""入住登记表""账单""客人意见书""投诉处理结果记录"，以及平时对客人的留心观察记录等有关资料。因此，客史档案的建立与管理不仅依靠前厅服务人员的努力，而且也需要酒店其他相关部门的支持和配合，相互沟通，确保资料齐全、有效。

现今，酒店大多使用计算机管理，将客史档案资料信息以最快的速度输入并储存，使资料信息容量大、调用方便，可以大幅提高客史档案的利用率，为酒店服务的细微化、个性化提供了可靠的保障。

客户分类与排序

酒店应与酒店管理软件公司合作，通过计算机系统，按照来店客人的重要性及地理来源等指标对客人进行分类，从而为客人提供有针对性的服务和营销工作。分类标准如下：

1. 按客人重要性分类排序

（1）按客人消费金额排序。

（2）按客人住店次数排序。

2. 按客人来源分类排序

（1）按国际排序：可分为国内客人、国际客人。

（2）按地区排序：如欧美地区客人、非洲地区客人、亚洲地区客人等。

（3）按国籍排序：一些酒店由于具有独特的地理位置和服务及营销特色，会对某些特定国家的客人形成较大的吸引力，这时可按照国籍对客人进行分类，如英国客人、澳大利亚人、美国客人、德国客人、加拿大客人、意大利客人，以及巴西客人等。

（4）按籍贯排序：对于国内客人，如有必要，还可以进一步按所在省、市等分类。

活学活用

谈一谈酒店建立客史档案的作用和意义？

考核评价

考核评价见表 7-3。

表 7-3　客史档案的建立与管理考核标准

考核项目	考核内容	评分标准	扣分
客史档案的用途		一项表述不准确扣 5 分，共 20 分	
客史档案的内容		一项表述不准确扣 10 分，共 50 分	
客史档案的管理		表述不准确扣 30 分	
合计			
教师评语			

考核时间：10 分钟，考核总分：100 分

项目3　处理客人投诉

处理客人投诉

问题导学

小王第一次碰到客人投诉酒店的情况，那么投诉有哪些类型又该如何处理呢？酒店处理投诉的原则是什么？宾客投诉的处理程序又是怎样的？

酒店向客人提供优质服务时难免会出现一些纰漏，如硬件设施、服务人员的态度不合格，服务项目设立不合理等，引起客人的不满。当出现客人投诉的情况时，酒店应及时应对妥善处理。

投诉的类型及其处理

1. 有关酒店硬件设施、设备方面的投诉

此类型的投诉主要是指酒店的硬件设施、设备运行不正常给客人带来不便或者伤害，从而引起了客人对酒店的投诉。如空调、电视、计算机、照明、供水不正常，家具、地毯破损，电梯失灵等。酒店现有的对各类设备的检查、维修、保养及操作程序，只能减少而非消除设备潜在的问题。因此当前厅部员工面对此种投诉时，若要使投诉得到完善的处理，首先要站在客人的角度，学会换位思考，在与工程部、安全部联系并进行实地查看之后，根据实际情况采取积极有效的拯救措施，待问题得以解决之后，还需要对客人再进行一次电话安抚。

2. 有关酒店服务方面的投诉

此类投诉主要是指酒店工作人员业务能力不过关，出现服务效率低，甚至差错的现象，给客人造成不便，引起客人的不满。例如，行李无人搬运、办理入住登记手续时间太长、客账累积出错、入住安排重房、转接电话太慢等。出现此类投诉后，相关负责人首先应向客人道歉，然后应尽快采取补偿性措施，尽力弥补过失，但切忌在客人面前训斥员

工。事后应分析此类投诉的原因，加强对员工专业知识和技能技巧的培训，从而减少此类投诉的发生。

3. 有关服务态度方面的投诉

此类投诉主要是指酒店服务人员对客人态度不好，如前台接待对客人爱答不理，面对客人的提问做出不负责任的回答，对客人过分热情，对客人的态度冷漠、无礼、粗暴等。为减少此类投诉的发生，需提高员工职业道德水平，加强员工对客关系与心理素质方面的培训。

4. 有关异常事件方面的投诉

此类投诉主要是针对不可控事件发生的投诉，如因恶劣天气飞机延期起飞、无法买到机票或车票等。此类事件虽然是酒店不可控事件，但客人仍然希望酒店能够帮忙解决难题。面对此类事件的投诉，酒店应尽力设法帮助，但切忌满口答应。如做不到，应尽早向客人说明情况，以得到客人谅解。

以上是酒店常见的投诉类型及处理方法。酒店应定期分析、研究，寻找出最易出现客人投诉的服务环节与原因。为维护酒店的声誉与减少投诉事件的发生，酒店应设计、使用征求意见表（表7-4），分发给客人，供客人填写，然后定期收集。分发方式包括在客人办理入住登记手续、办理离店手续时发给客人，存放在客房的服务夹内，邮寄给客人等。酒店根据客人反应的问题统计、分析、归类，采取针对性措施并感谢客人的反馈。这对改善客人和酒店间的关系，以及提高征求意见的效率是颇有益处的。酒店常用的感谢方法，是向客人寄发一封由总经理亲自署名的感谢信或致歉信，以表达感谢或取得客人谅解，如图7-3所示。

表7-4　征求意见表

项目＼评价	满意	一般	不满意	问题或建议
您本次入住的整体满意度				
客房设备设施整体完好度				
门窗完好度				
睡床整洁舒适度				
电视效果				
空调效果				
电话传输质量				

续表

项目 / 评价	满意	一般	不满意	问题或建议
上网速度和稳定性				
灯光效果				
热水器效果				
其他设备使用方便有效				
客房用品质量				
客房环境卫生				
客房服务质量				
员工的接待礼仪				
前台接待满意度				

××酒店致歉信

　　由于我酒店没有履行好管理职责，部分员工涉嫌参与违法犯罪，做出了违反国家法律、有损城市形象和酒店声誉的行为，并在社会上造成了不良影响。2010年6月20日被警方责令停业整顿。为此，我们深表歉意，并按照警方要求积极整改。

　　我们承诺:在以后的经营管理中，严格遵守国家法律法规和政府的规定，配合相关部门采取措施，全面完善管理规程，严格员工教育管理，保证不再发生类似事件，合法经营，重新树立酒店良好的经营形象，更优质地服务于广大顾客，更好地服务于城市的经济发展。

××网

××酒店

法定代表人　　××

二〇一〇年六月二十六日

图7-3　××酒店致歉信

处理投诉的原则

　　客人投诉虽然是酒店不愿意看到的事情，但酒店应将其视为对客服务的契机，对受理和处理客人投诉的事件，持重视态度。处理客人投诉应遵循以下原则。

1. 真诚地帮助客人

应换位思考，理解客人当时的心情，同情他们的处境，并提供相应的帮助。首先酒店应树立员工的形象，让客人产生信赖感，相信服务人员会帮助（而且有能力帮助）他们解决问题。

2. 绝不与客人争辩

前来投诉的客人有时情绪比较激动，但是不管客人情绪有多激动，态度、语言、举止如何不恭，接待员都应耐心、冷静地面对客人。即使过错不在酒店一方，接待员也要在尊重客人的前提下据理力争，做出恰当的处理。

3. 维护酒店应有的利益

虽然出现了投诉事件，但是服务人员在处理投诉事件时切忌损害酒店形象。在给客人解决问题的过程中，也要维护酒店的形象。面对一些复杂问题时，不可贬低酒店员工或部门。如果是客人的财产造成遗失或损坏，绝不可选择退款或减少费用等赔钱了事的方法，而应该进行多方调查，弄清事实真相，再向客人诚恳地道歉并妥善处理。

客人投诉的处理程序

客人的投诉可能是住店期间提出的口头投诉，也可能是离店后来函、来电进行的投诉。无论是哪种投诉，对接待人员来说都是一个挑战，掌握投诉的处理程序，能更好地应对宾客的投诉问题。

（1）认真聆听，保持冷静，表示同情。应认真、仔细地听完客人的投诉内容。设身处地地为客人着想，对客人的处境表示同情，用恰当的语言对客人进行安慰。

（2）领会投诉者的真实目的。分清客人是求发泄、求尊重还是求补偿，然后根据他们的目的采取相应的对策。

（3）给予特别关心，不转移目标。使用姓名称呼客人，让客人觉得酒店已经记住并重视自己的投诉，并告诉客人酒店将处理此事，会尽快着手解决。当客人投诉出现时，无论当时多忙，都应将注意力集中到客人所投诉的问题上，不可让客人产生酒店不想处理投诉的误会，不可随便走开或随意引申，更不可发牢骚以嫁祸他人或责怪酒店等。

（4）记录要点。客人投诉时，接待人员应拿出备忘录，边听边记录。这样既能使客人放慢讲话速度，缓和激动的情绪，而且还能让客人感觉到酒店对其投诉的重视程度。此外，记录的要点也可以作为依据，有助于今后解决问题。

（5）告诉客人采取的是哪种措施。听完客人投诉的问题后，立即考虑采取何种方法解决问题，并将解决问题的方案和补救性措施告诉客人，以示对客人的尊重。切忌只是对客人道歉、请求谅解，而对客人的投诉内容置之不理，更不能表现出无能为力。

（6）将解决问题所需的大致时间告诉客人。充分估计出处理问题需要的时间，并告诉客人。绝不能让客人觉得酒店是想蒙混过关、含糊其辞，从而让客人产生抵触情绪，增加解决问题的难度。

（7）立即行动，检查落实。立即展开调查，查明事实，找出根源，并将进展情况告知客人。问题解决后，应与客人再次联系，征询客人意见，确认投诉的问题是否已得到圆满解决，做到善始善终。

（8）整理材料，归类存档。将客人投诉的内容及处理过程归纳存档，并记入客史档案。吃一堑长一智，避免以后再发生类似的投诉事件，从而改进酒店的对客服务质量。

（9）对于客人的来函、来电投诉，还应将调查结果、解决方法、争取客人谅解、表达歉意等内容写成信函并尽快邮寄给客人，信内最好有总经理的签名。事后应复印客人的原始投诉资料，并将其存档或录入客史档案，以备后用。

处理客人投诉的艺术

在处理客人投诉时应讲究一定的艺术，既能妥善处理投诉，不损害酒店的形象，又能使客人满意。

（1）降温法。在客人投诉时，先想办法让客人消气，恢复到"心平气和"的状态。让客人把话说完，切忌打断客人。和客人讲话时注意语气语调，此时应慎用"微笑"，以免客人误会成幸灾乐祸。

（2）移步法。尽量避免在众目睽睽之下听客人投诉，尽量让客人移步至安静、无人的环境，这样有利于创造良好的氛围与客人解决。如在公共场所可能会影响到其他客人，给酒店和客人造成尴尬。

（3）交友法。和客人交谈的过程中，寻找客人感兴趣的话题，设法与客人交友，在话题上引起共鸣。以此引起客人的好感，从而使其放下戒备心，为处理投诉事件营造好的环境，赢得主动。

（4）快速反应法。迅速、果断地处理投诉，以表达酒店对客人投诉的重视，表达酒店的诚意，提高满意度。

（5）语言艺术法。与客人沟通时，要注意语言艺术，即使用礼貌用语，避免无意中伤客人。

（6）充分沟通法。将解决问题的措施告知客人，并征求客人意见，这样处理是否合理。若不能立即解决，则应告诉客人解决问题需要的时间，并将进展情况及时告知客人。

（7）博取同情法。设法让客人理解出现此问题不是酒店的主观意愿，明确表示酒店愿意承担相应的责任，展现酒店对客人的重视。动之以情，晓之以理，博取客人的同情，之后一些客人可能会放弃赔偿要求。

（8）多项选择法。在解决问题时，列出多种解决方案供客人选择，以表示对他们的重视。

处理好客人投诉对酒店的意义

投诉虽然是酒店不愿意看到的情况，但投诉既有坏处也有好处，应一分为二地看待。出现投诉现象虽然是一件令人很不愉快的事，但投诉是酒店管理者与客人沟通的一种重要渠道，管理者可以通过投诉看到酒店服务和管理中存在的问题。接下来，根据这些问题提出针对性的方案，从而改进酒店的服务和设施。

具体而言，处理好客人投诉对酒店的意义主要表现在三个方面。

（1）酒店可以发现自身的问题和不足。酒店自身存在问题，但是管理者可能因多种原因并不能发现或很好地认识问题。客人作为酒店的消费者，希望能得到相应的服务，故他们对酒店的服务中存在的问题有一定的敏感度，更容易发现其中存在的问题。

（2）有利于酒店的市场营销，改善宾客关系，争取更多的客人。出现客人投诉现象就说明客人不满意，如果这种不满意得不到妥善解决，那么客人将不再入住酒店，也会给酒店带来不好的声誉，导致更多的客人流失。妥善解决投诉问题，是一个让客人由"不满意"转变成"满意"的过程，客人满意了就会帮酒店树立良好的口碑，酒店可以招揽更多的客人。

（3）有利于改善酒店服务质量，提高管理水平。酒店可以通过客人投诉发现管理和服务上的问题，在解决问题的过程中改善服务质量，提高管理水平，且引以为鉴，避免此类事情再发生。

活学活用

王女士去三亚出差，入住了当地一家五星级酒店的海景房，那个房间比较宽敞，超大的玻璃落地窗，可以观赏美丽的海边景色，王女士对此非常满意。然而，当准备打开窗户时，她发现窗户上有一层尘土。王女士下意识地打开了衣柜，发现衣柜角落很脏。王女士气冲冲地投诉了酒店。

王女士投诉的原因是什么？酒店应怎样处理？

考核评价

考核评价见表7-5。

表7-5 处理客人投诉考核标准

考核项目	考核内容	评分标准	扣分
投诉的类型及其处理		一项表述不准确扣10分，共40分	
处理投诉的原则		一项表述不准确扣5分，共15分	
客人投诉的处理程序		一项表述不准确扣5分，共45分	
合计			
教师评语			

考核时间：10分钟，考核总分：100分

知识加油站

如何面对"找茬"的客人

酒店服务人员与酒店客人存在着一种天然的"不平等"性。如果客人与酒店员工发生冲突，酒店员工将处于一种"不利"地位，那些故意"找茬"的客人清楚地明白这一"不平等"性。他们知道，不管他们对酒店服务人员的态度有多么恶劣，只要服务人员对他们有一点不恭，他们就可以去向酒店管理者投诉。酒店服务人员必须认清这个现实，对于故意"找茬"的客人，酒店服务人员应在尊重客人的前提下理智对待，冷静处理，避免和客人发生冲突，即使无意间发生了冲突，也应该尽量控制冲突程度，不让冲突"升级"。

总之，客史档案的建立既有利于完善酒店的服务，也为酒店进行市场调研提供了依据。因此，酒店应重视建立、健全、完善和管理好客史档案。

学习情境小结

通过学习前厅部人力资源管理、建立客史档案、处理客人投诉，学生在本项目中可以掌握基本的前厅部管理知识。使用前厅部人力资源管理有利于保证酒店的服务质量和办事效率；建立客史档案有利于提高酒店的个性化服务；学会改善客人关系，妥善处理客人投诉。

学习考评

一、知识测评

确定本任务关键词，按重要程度排序并举例解读，根据自己对重要知识的捕捉、排序、表达、创新和划分权重能力进行自评，见表 7-6（满分 100 分）。

表 7-6　知识测评表

序号	关键词	举例解读	评分自定
1			
2			
3			
4			
总分			

二、能力测评

对表 7-7 所列作业内容、操作规范等打分，操作错误或未操作即 0 分（满分 100 分）。

表 7-7　能力测评表

序号	能力点	配分	评分自定
1	熟悉前厅部人力资源管理	25	
2	掌握客史档案的设置与管理	35	
3	掌握投诉处理的程序和方法，具备处理客人投诉的能力	40	
	总分	100	

三、素质测评

对表 7-8 所列素养点打分，做到即得分，未做到即 0 分（满分 100 分）。

表 7-8　素质测评表

序号	素养点	配分	评分自定
1	树立爱岗敬业精神	25	
2	树立精益求精的大国工匠精神	25	
3	提高自身道德修养	25	
4	提高自身的职业操守	25	
	总分	100	

思考与练习

一、填空题

1. 合理调配人力资源还需要确定前厅部各岗位的人员编制，＿＿＿＿＿＿＿＿＿＿＿＿＿＿，确保岗位工作的正常开展。

2. 酒店应认真分析自身情况，如＿＿＿＿＿、＿＿＿＿＿、＿＿＿＿＿、＿＿＿＿＿等，然后根据这些情况制定合适的前厅部各岗位编制定员。

3. 建立有效的客史档案有利于践行＿＿＿＿＿的服务理念，为客人提供＿＿＿＿＿服务，以增加人情味。

4. 处理好客人投诉对酒店的意义主要表现在三个方面：酒店可以发现自身的问题和不足，＿＿＿＿＿＿＿＿＿＿＿＿＿＿＿＿＿＿＿＿，改善酒店服务质量，提高管理水平。

二、判断题（正确的打"√"，错误的打"×"）

1. 酒店客源的差异会影响酒店服务和工作量。前厅部管理者应考虑酒店的客源特点，合理安排各岗位员工的日常班次。（　　）

2. 客史档案的资料主要来源于客人的"预订单""入住登记表""账单""客人意见书""投诉处理结果记录"以及其他平时观察和手机等有关资料。因此，客史档案的建立与管理仅依靠前厅服务人员的努力就可完成。（　　）

3. 移步法是指尽量避免在众目睽睽之下听客人投诉，尽量让客人移步至安静、无人的环境，这样有利于创造良好的氛围帮客人解决问题，如对于在酒店大堂吵闹，可能会影响其他客人的客人，便可这样处理。（　　）

三、简答题

1. 请举例说明前厅部人力资源调配与控制的基本原则与方法。

2. 城市商务酒店与旅游度假酒店的前厅部岗位设置、编制定员有何区别？

3. 简述客人投诉的类型和处理方法。

4. 酒店应如何做好客史档案的管理工作，为客人提供个性化服务？

四、案例分析题

小邓是一家酒店的服务人员。在一次服务过程当中，他误认为客人的红酒杯中剩余的饮料是可乐，所以在为客人添加饮品时，将可乐倒入红酒杯中。客人为此非常恼火，对小邓进行了投诉。如果你是此酒店的投诉接待人员，应该怎样处理此次投诉？

附　录

📚 前厅常用服务用语（中英文对照）

（一）称谓语（Titles）

（1）李先生／太太。

Mr./Mrs.Lee.

（2）先生／女士。

Sir/Madam.

（3）先生们／女士们。

Gentlemen/Ladies.

（4）王女士／小姐。

Ms./Miss Wang.

（5）James 教授／医生／博士。

Prof./Dr. James.

（二）问候语（Greetings）

（1）你好。

How do you do?/How are you?

（2）早上／下午／晚上好。

Good morning/afternoon/evening.

（3）很高兴见到您。

Nice to meet you./Glad to know you./Pleased to know you.

（4）您近来好吗？

How are you these days?/How is everything going these days?

（5）陈先生近来还好吧？

How is Mr.Chen recently?/Is Mr.Chen all right these days?

（三）欢迎语（Welcoming）

（1）欢迎光临。

Welcome.

（2）欢迎下榻本酒店。

Welcome to our hotel.

（3）我谨代表酒店全体员工，真诚地欢迎您。

On behalf of our staff, I would like to present you our sincerely welcome.

（4）欢迎您再次光临。

Welcome you back.

（5）衷心欢迎您光临本酒店。（书面）

It is truly a pleasure for us to welcome you to our hotel.

（四）征询语（Inquires）

（1）先生，您想预订哪几天的房间？

Could you tell me for which dates you want to book the room,sir?

（2）女士，请问住几个晚上？

May I know how many nights you will stay,madam?

（3）查尔斯先生，您想订哪种房间？

What kind of rooms do you prefer,Mr.Charles?

（4）您准备住多久？

How long do you intend to stay?

（5）请问您贵姓？

May I have your name,please?

（6）您能再重复一遍吗？

Would you please say/repeat it again?

（7）您打算怎样结账呢？

How would you make your payment,sir?/How could you settle your account?

（8）您还有什么别的事需要我做吗？

Is there anything else I can do for you?

（9）请问您有没有订房？

Have you made room reservation,please?

（10）请问您是以谁的名字订的房？

Do you know by which name the booking was made?

（11）请填写入住登记表。

Please fill out the registration form.

（12）请您出示证件，比如身份证或护照。

Please show me your identification，such as ID card/passport?

（13）我能看一看您的护照吗?

May I have your passport,please?

（14）请在这里签名。

Please sign here.

（15）请您留下姓名和电话，我会通知客人给您回电的。

Would you please leave your name and telephone number?I will inform the guest to call you back.

（五）应答语（Answer）

（1）不用谢。

That's all right./You are welcome./My pleasure.

（2）没关系。

Never mind./Don't mention it.

（3）好的，先生。我可以给您打个九折。

All right,sir.I can offer you a 10% discount.

（4）李先生，您可以享受公司价格，但需要传真确认。

Mr. Lee,you could book the room by company rate,but you have to confirm it by fax.

（5）没问题，我可以给您安排在无烟楼层。

Certainly, I will arrange you a Non-smoking Room.

（6）是的，小姐。我们提供班车服务。

Yes, Miss. We offer shuttle-bus service.

（7）好的，陈太太，我会通知陈先生您来过电话。

Well, Mrs.Chen, I will tell Mr. Chen that you have called.

（8）是的，女士，您可以用美国运通卡结账。

Yes, Madam, you could pay by American Express Card.

（9）好的。我们马上给您换一个房间。

All right. We will change you into another room at once.

（10）鲍勃先生，您可以直接通过闭路电视查询您的账单。

Mr. Bob, you could check your bill by the circus television in the room directly.

（六）感谢语（Tribute）

（1）谢谢您的订房，我们期待着您的光临。

Thank you for your booking,and we are looking forward to your coming.

（2）感谢您的大力协助。

Thank you very much for your great assistance.

（3）谢谢，这是您的信用卡。

Thanks,here is your credit card.

（4）衷心感谢您长期以来对本酒店的支持与厚爱，我们将竭诚为您服务（书面）。

We sincerely appreciate your constant supporting and hope to extend our service ever since.

（5）以上资料如有更改，请您即通知前厅部总台，我们将不胜感激。（书面）

We would be so grateful if you could notice the Reception immediately in case of any updating in the information above.

（七）道歉语（Apologies）

（1）对不起。

Sorry./I'm sorry.

（2）非常抱歉。

I'm terribly/badly sorry.

（3）对不起，让您久等了。

I'm sorry to keep you waiting.

（4）对不起，标准间已经预订完了。

I am really sorry but all the standard rooms have been booked out.

（5）很抱歉，1818房已经有客人住了。

I'm terribly sorry that Room 1818 has been accommodated to another guest.

（6）劳驾，请您在这里签名。

Excuse me, please sign here.

（7）很抱歉，预订员把您的姓名拼写错了。

I'm badly sorry that reservation has mis-spelled your fall name.

（8）对不起先生，我们酒店没有名叫林文生的客人。

I'm sorry sir , but there is no such a guest call Lin Wensheng living in our hotel.

（9）很抱歉，没有客人的同意，我们不能把房间号码告诉您。

I'm terribly sorry , sir .But I can't tell you the guest's room number without his permission.

（10）真对不起，顾先生上午已经退房了。

Sorry,Mr. Gu has already checked out this morning.

（11）抱歉，我们酒店没有 ×× 服务。

I am sorry， that we have no such a service in our hotel.

（12）万分抱歉，我给您换一间房可以吗？

I am terribly sorry , would you like me to change you another room?

（13）真对不起，前台接待员忘了请您签名了，能请您到前台来吗？

I'm so sorry that the receptionist forgot to ask you sign the registration form.Would you please come to the Reception to finish it ?

（14）非常抱歉，行李员把您的行李拿错了。

Sorry , the bell boy has mis−taken your luggage.

（15）给您带来诸多不便，敬请原谅。

I am so sorry for the inconvenience during your stay.

（八）提示语（书面）

（1）请回函确认上述预订将保留至（　）点。

Please acknowledge receipt to confirm booking by （　）room（s）will be released.

（2）上述预订如有更改或取消，请与我们联系。

Please feel free to contact us for any amendments or cancellations to above−mentioned reservation.

（3）请将贵重物品存放于前厅收银处的免费保险箱内，如有遗失，酒店概不负责。

Safe Deposit Boxes are available at the Front Office Cashier at no charge . Management does not accept responsibility for cash , valuables and personal effects left in guest room.

（4）酒店退房时间为中午 12 点，如需延迟退房，请通知前台。

Please note that Check−out Time is 12：00 noon , If you require a later check−out please contact the hotel reception.

（5）在酒店内消费时请出示房卡。

Please kindly present the room card wen signing for meals , business costs and entertainment in the hotel.

（九）告别语（Farewell）

（1）回头见。

See you./See you later.

（2）晚安。

Good night.

（3）再见。

Good-bye./Bye-bye./So long.

（4）日安。

Have a good day/afternoon/evening.

（5）希望下次再见。

Hope to see you again.

（6）祝你愉快！

Best wishes！

（7）一路顺风！

Have a nice trip！ /Happy landing！ /Bon voyage！

（8）旅途愉快！

Have a pleasant journey/nice trip！

（9）万事如意！

All the best！

（10）保重！

Take care！

（十）祝愿语（Congratulations）

（1）祝你好运！

Good luck！

（2）生日快乐！

Happy Birthday！

（3）新年快乐！

Happy New Year！

（4）圣诞快乐！

Merry Christmas！

（5）祝您事业有成，生意兴隆！

Wish you every success！

参 考 文 献

［1］国家旅游局人事劳动教育司.前厅服务与管理［M］.北京：旅游教育出版社，2016.

［2］肖萍，朱德勇.前厅服务与管理［M］.北京：科学出版社，2015.

［3］吴梅，陈春燕.前厅服务与管理［M］.北京：高等教育出版社，2016.

［4］刘伟.前厅与客房管理［M］.北京：高等教育出版社，2015.

［5］饭店职业英语编委会.饭店职业英语［M］.北京：中国旅游出版社，2012.